BEI GRIN MACHT SICH
WISSEN BEZAHLT

Bibliografische Information der Deutschen Nationalbibliothek:

Die Deutsche Bibliothek verzeichnet diese Publikation in der Deutschen National-
bibliografie; detaillierte bibliografische Daten sind im Internet über http://dnb.d-
nb.de/ abrufbar.

Impressum:

Copyright © 2016 GRIN Verlag, Open Publishing GmbH
Druck und Bindung: Books on Demand GmbH, Norderstedt Germany
ISBN: 9783668309241

Miriam Sonder

Kinderschutz im Allgemeinen Sozialen Dienst. Das Spannungsfeld zwischen rechtlichen Rahmenbedingungen und Alltagspraxis

GRIN Verlag

GRIN - Your knowledge has value

Der GRIN Verlag publiziert seit 1998 wissenschaftliche Arbeiten von Studenten, Hochschullehrern und anderen Akademikern als eBook und gedrucktes Buch. Die Verlagswebsite www.grin.com ist die ideale Plattform zur Veröffentlichung von Hausarbeiten, Abschlussarbeiten, wissenschaftlichen Aufsätzen, Dissertationen und Fachbüchern.

Besuchen Sie uns im Internet:

http://www.grin.com/

http://www.facebook.com/grincom

http://www.twitter.com/grin_com

Kinderschutz im ASD im Spannungsfeld zwischen rechtlichen Rahmenbedingungen und Alltagspraxis

Bachelorarbeit für die Prüfung zur staatlich anerkannten

Sozialarbeiterin

und zur Erlangung der Bezeichnung

Bachelor of Arts in Sozialer Arbeit

Abbildungsverzeichnis

Abbildung 1: Drei Strukturtypen von Teamberatungen

Anhangverzeichnis

Anhang 1: Formen von Strukturtypen bei Teamberatung

Abkürzungsverzeichnis

Abs.	Absatz
Art.	Artikel
ASD	Allgemeiner Sozialer Dienst
BGB	Bürgerliches Gesetzbuch
ebd.	ebenda
etc.	et cetera
GG	Grundgesetz
FamFG	Gesetz über das Verfahren in Familiensachen und in den Angelegenheiten der freiwilligen Gerichtsbarkeit
KKG	Gesetz zur Kooperation und Information im Kinderschutz
SGB	Sozialgesetzbuch
StGB	Strafgesetzbuch
u.a.	unter anderem
usw.	und so weiter
Vgl.	Vergleich
z.B	zum Beispiel

Inhaltsverzeichnis

1. Einleitung

In den vergangenen Jahren gerieten tragische Fälle von Kindeswohlgefährdungen immer stärker in den Fokus der gesellschaftlichen Aufmerksamkeit und der Medien. Das Thema Kinderschutz ist dadurch stärker in das öffentliche Bewusstsein geraten und der Druck auf die Fachkräfte der Jugendämter ist entsprechend gestiegen. Dem Allgemeinen Sozialen Dienst des Jugendamtes wurde durch die Übertragung des staatlichen Wächteramtes eine tragende Rolle im Kinderschutz zugeschrieben. So ist es die Aufgabe des ASD, Kinder und Jugendliche vor Gefahren für ihr Wohl zu schützen und junge Menschen gemäß § 1 Abs. 2 SGB VIII in ihrer individuellen und sozialen Entwicklung zu fördern und dazu beizuragen, positive Lebensbedingungen für junge Menschen und ihre Familien sowie eine kinder- und familienfreundliche Umwelt zu erhalten oder zu schaffen.[1]

Mit dem Kinder- und Jugendhilfegesetz wurde ein neues Verständnis von sozialpädagogischem Schutzhandeln in der Kinder- und Jugendhilfe geschaffen – „weg vom obrigkeitsstaatlichen Eingriffsrecht, hin zu einem demokratischen Hilfeverständnis,[2] welches die Kinder und Jugendlichen in den Mittelpunkt der Handlung stellt. Gesetzliche Änderungen auf Bundes- und Landesebenen haben den Handlungsdruck für die Fachkräfte im Jugendamt in diesem Zusammenhang deutlich erhöht. Zwar ist das Jugendamt zum Schutz von Kindern und Jugendlichen verpflichtet, jedoch ist eine direkte Umsetzung des gesetzlich vorgeschriebenen Schutzauftrages in der Praxis oftmals mit Schwierigkeiten verbunden. Für die Fachkräfte der Jugendämter stellt sich immer wieder die Frage, wie die gesetzlichen Verpflichtungen im Kinderschutz in der alltäglichen Praxis aufgrund vorhandener Hindernisse und Problemfelder adäquat umgesetzt werden können, um Kinder und Jugendliche vor Gefahren für ihr Wohl zu schützen.

Im Rahmen der folgenden wissenschaftlichen Arbeit soll daher der Fragestellung nachgegangen werden, wie der Kinderschutz im ASD durch den gesetzlich definierten Rahmen umgesetzt werden kann und welche Schwierigkeiten der Umsetzung sich in der Alltagspraxis ergeben können. Ziel dieser Bachelorarbeit soll es sein, Verbesserungsperspektiven für einen gelingenden Kinderschutz im ASD zu entwickeln und darzustellen.

---

[1] Vgl. Beck: Sozialgesetzbuch, 2015, § 1 Abs. 3 Nr. 1 i.V.m.N.4 SGB VIII
[2] Stadt Dormagen, 2013, S. 104

Hierbei soll aufgezeigt werden, wie sich begünstigende Faktoren für unzureichendes Schutzhandeln auf der Ebene der Fachkräfte und der Organisation auf einen adäquaten Kinderschutz auswirken können und wie diesen Hindernissen begegnet werden kann.

Um einen Zugang zu dem Thema Kinderschutz im ASD zu erhalten, werden zu Beginn der Arbeit der Begriff des Kindeswohl und der Begriff der Kindeswohlgefährdung mittels fachlicher und gesetzlicher Verankerungen dargestellt Die Darstellung der unterschiedlichen Formen von Kindesmisshandlungen sollen den Begriff der Kindeswohlgefährdung konkretisieren. Nach einer ersten theoretischen Einführung richtet sich der Blick im dritten Kapitel der wissenschaftlichen Arbeit auf die gesetzlichen Rahmenbedingungen im Kinderschutz und auf das Schutzhandeln im ASD.

Anschließend möchte ich darstellen, welche Problemfelder und Hindernisse dazu beitragen können, dass der gesetzlich vorgeschriebene Schutzauftrag von Kindern und Jugendlichen von Seiten des ASD nicht adäquat umgesetzt werden kann und was dies konkret für das Schutzhandeln bedeutet.

Das fünfte Kapitel soll aufzeigen, wie Kinderschutz trotz der vorhandenen Hindernisse und Problemfelder in der beruflichen Praxis der öffentlichen Jugendhilfe umgesetzt und gestärkt werden kann. Um den Schutz von Kindern gewährleisten zu können, bedarf es der Netzwerke und Kooperationen mit anderen Akteuren des Kinderschutzes. Ich möchte meinen Fokus hierbei ebenfalls auf die Beschreibung allgemeiner Grundsätze für eine gelingende interdisziplinäre Kooperation im Kinderschutz legen. Die wissenschaftliche Arbeit endet mit einer abschließenden Stellungnahme.

2. Begriffsbestimmungen

2.1. Der Begriff des Kindeswohls

Im Kinderschutz sind der Begriff des Kindeswohls und der daraus abgeleitete Begriff der Kindeswohlgefährdung von zentraler Bedeutung. Beide Begriffe sind nur in Zusammenhang mit dem „verfassungsrechtlich garantierten Elternrecht im Sinne der Elternverantwortung" zu verstehen.[3] Zunächst möchte ich ausführlicher auf den Begriff des Kindeswohls eingehen. Kindeswohl ist ein „unbestimmter Rechtsbegriff"[4], der - ausgehend von jedem Einzelfall - fortwährend neu konkretisiert werden muss. Kindeswohl wird im Grundgesetz nicht explizit definiert, obwohl der Begriff als Eingriffslegitimation und Orientierungshile und Entscheidungsmaßstab für das Handeln der Kinder- und Jugendhilfe und des Familiengerichts genutzt wird. Ob das Kindeswohl im konkreten Einzelfall gewährleistet ist, obliegt dem Ermessen der jeweiligen Fachkraft des Kindesschutzes. Reinbold Schone (2008) weist in seinem Buch darauf hin, dass der Begriff des Kindeswohls trotz des Fehlens einer allgemeingültigen Definition zwei wichtige Aufgaben erfüllen soll. So soll er zum einen „als Legitimationsgrundlage für staatliche Eingriffe und zum anderen als sachlicher Maßstab in gerichtlichen Verfahren, an dem sich die Notwendigkeit gerichtlicher Maßnahmen festmachen lässt"[5] dienen.

In Artikel 6 Grundgesetz (GG) wird die Pflege und Erziehung der Kinder als das natürliche Recht der Eltern bestimmt und sie ist die ihnen zuvörderst obliegende Pflicht.[6] Danach haben Eltern ein Grundrecht darauf, dass sie selbst bestimmen können, wie sie die Erziehung, die Förderung sowie die Pflege ihres Kindes gestalten. Elternrecht wird vom Bundesverfassungsgericht als Elternverantwortung gesehen, indem den Eltern der Schutz des Kindes vor Gefahren im Rahmen der elterlichen Sorge obliegt und indem sie das Kind in seiner Entwicklung unterstützen, fördern und leiten[7]. Die Eltern haben die elterliche Sorge laut § 1626 Bürgerlichen Gesetzbuches (BGB) in eigener Verantwortung und in gegenseitigem Einvernehmen zum Wohle des Kindes auszuüben.[8]

---

[3] HUNDT, 2014, S. 10
[4] DETTENBORN,. 2001, S. 45
[5] SCHONE, 2008, S.25
[6] Vgl. Beck, Grundgesetz GG. Art. 6 Abs.2 Satz 1 GG 2015, S.
[7] Vgl. KINDLER, 2006, S. 25
[8] Vgl. Beck. Bürgerliches Gesetzbuch. § 1666 BGB 2009, S. 356

Mit Art. 6 GG erhält das so genannte „staatliche Wächteramt seine verfassungsrechtliche Grundlage"[9]. In diesem wird festgelegt, dass die staatliche Gemeinschaft über die Betätigung des Elternrechts wacht. Der Träger des staatlichen Wächteramtes ist gemäß Art. 6 Abs. 2 Satz 2 GG die staatliche Gemeinschaft, also der Staat. Die staatliche Gemeinschaft ist hierbei kein gleichrangiger Erziehungsträger zu den Eltern.

Kinder haben gemäß Art. 1 Abs. 1 i.V.m. Art. 2 Abs. 2 GG eine eigene Würde und das Recht auf eine freie Entfaltung ihrer Persönlichkeit und somit selbst ein Recht auf den Schutz des Staates. Eine Grenze setzt das Recht dann, wenn das Wohl des Kindes durch ein elterliches Fehlverhalten gefährdet wird und die Eltern nicht mehr in Ausübung ihres Elternrechts handeln.[10] Die Ausübung des Elternrechts ist somit zum Wohle des Kindes begrenzt. In diesem Fall ist der Staat, vertreten durch den öffentlichen Jugendhilfeträger, den Allgemeinen Sozialen Dienst, und das Familiengericht dazu verpflichtet, erforderliche Maßnahmen zu treffen, um die Gefahr für das Wohl des Kindes abzuwenden. Die familiengerichtlichen bzw. kindschaftsrechtlichen Maßnahmen müssen gemäß Art. 1 Abs. 3 i.V.m. Art. 20 Abs. 3 GG dem Verhältnismäßigkeitsprinzip entsprechen. Das bedeutet, diese müssen der Gefahr angemessen und für die Gefahrenabwehr erforderlich sein.

In § 1666 BGB wird zwischen dem körperlichen, geistigen und seelischen Wohl eines Kindes unterschieden. Die positive Entwicklung eines Kindes gelingt nur, wenn seine Bedürfnisse nach beständigen liebevollen Beziehungen, nach entwicklungsgerechten Erfahrungen sowie Grenzen und Strukturen als auch körperlicher Unversehrtheit und Sicherheit befriedigt werden.[11]

2.2. Der Begriff der Kindeswohlgefährdung

In Anlehnung an die Bestimmung des Begriffs des Kindeswohls spricht man bei einer Kindeswohlgefährdung von einer Lebenssituation des Kindes, welche durch einen Mangel an erforderlichen Ressourcen zur Entfaltung und Entwicklung des Kindes gekennzeichnet ist.[12]

---

[9] KINDLER, Heinz. 2006, S. 25
[10] Vgl. Beck: Grundgesetz. Art. 6 Abs.2 Satz 2 i.V.m. Abs. 3 GG
[11] Vgl. Kinderschutz-Zentrum Berlin, 2009, S. 22-24
[12] Vgl. PINKVOSS, 2009, S. 26

Ob tatsächlich im Einzelfall eine Gefährdung des Kindeswohls vorliegt, hängt immer auch vom Alter und den Lebensumständen des Kindes ab und bedarf daher einer genauen Überprüfung durch die Fachkräfte des Kindesschutzes. Um zu erkennen ob im Einzelfall eine Kindeswohlgefährdung vorliegt, benötigt es eine sozialpädagogisch-diagnostische Einordnung, also einen Klärungsprozess, in welchem die verschiedenen Aspekte einer möglichen Kindeswohlgefährdung geprüft, gewichtet und sortiert werden.[13]

Im Kinderschutzverfahren werden alle Formen von Gefährdungen und Schädigungen, denen Kinder ausgesetzt sind, unter dem Begriff Kindeswohlgefährdung gefasst, wobei Gefährdungen nicht zwangsläufig zu Schädigungen führen müssen. Der Gefährdungsbegriff hat durch seine doppelte Bedeutung eine präventive Implikation, wodurch Gefahren frühzeitig erkannt und abgewendet werden sollen. [14]

Der Begriff der Kindeswohlgefährdung findet rechtlich im § 1666 Abs. 1 BGB, im § 8a SGB VIII und im Gesetz zur Kooperation und Information im Kinderschutz (KKG) Anwendung. Nach § 1631 Abs. 2 BGB haben „Kinder ein Recht auf gewaltfreie Erziehung. Körperliche Bestrafung, seelische Verletzungen und andere entwürdigende Maßnahmen sind unzulässig."[15] Der Gesetzgeber konkretisiert dies in § 1666 BGB. Gemäß § 1666 Abs. 1 BGB liegt eine Kindeswohlgefährdung vor, wenn das körperliche, geistige oder seelische Wohl des Kindes oder sein Vermögen gefährdet sind und die Eltern nicht gewillt oder nicht in der Lage sind, die Gefahr abzuwenden.[16] Vor dem Inkrafttreten der Gesetzesänderung des § 1666 des BGB am 12.07.2008 lag eine Kindeswohlgefährdung vor, wenn das körperliche, geistige oder seelische Wohl des Kindes durch missbräuchliche Ausübung der elterlichen Sorge, durch Vernachlässigung des Kindes, durch unverschuldetes Versagen der Eltern oder durch das Verhalten eines Dritten gefährdet wird. Zu den in § 1666 BGB gehörenden Gefährdungslagen gehören somit die missbräuchliche Ausübung der elterlichen Sorge, die Vernachlässigung, das unverschuldete Elternversagen und das Verhalten eines Dritten. Durch die gesetzliche Änderung ist es nicht mehr erforderlich, den Eltern individuelles Verschulden nachzuweisen.

---

[13] Vgl. MÜLLER, 2012, S. 53
[14] Vgl. Kinderschutz-Zentrum Berlin, 2009, S. 31
[15] Vgl. Beck. Bürgerliches Gesetzbuch, 2009. § 1631 BGB,
[16] Vgl. Beck. Bürgerliches Gesetzbuch, 2009. § 1666 BGB.

So ist es beispielsweise auch ausreichend, wenn die Eltern aufgrund individueller Faktoren nicht in der Lage sind, ihr Kind ausreichend zu beschützen und durch die Inanspruchnahme von Hilfen Abhilfe zu schaffen. Gemäß § 1666 Abs. 1 BGB hat das Familiengericht die Maßnahmen zu treffen, die zur Abwendung der Gefahr erforderlich sind.[17]

Der Begriff der Kindeswohlgefährdung wurde durch den Bundesgerichtshof (BGH) konkretisiert und meint eine gegenwärtige, in einem solchen Maße vorhandene Gefahr, dass sich bei der weiteren Entwicklung eine erhebliche Schädigung mit erheblicher Sicherheit voraussehen lässt. Daraus ergeben sich nachstehend drei Kriterien für die Feststellung einer Gefährdung für das Wohl eines Kindes, die gleichzeitig erfüllt sein müssen: (1) eine gegenwärtig vorhandene Gefahr; (2) eine Erheblichkeit der künftigen Schädigung und (3) die Sicherheit der Vorhersage einer künftigen Schädigung.[18]

2.2.1. Formen von Kindeswohlgefährdung

Kindeswohlgefährdungen treten in unterschiedlichen, nicht klar voneinander abgrenzbaren Erscheinungsformen auf und bedürfen unterschiedlicher Präventions- und Interventionsmaßnahmen durch die im Kinderschutzverfahren tätigen Fachkräfte. Um im Kinderschutz effektive und nachhaltige Arbeit zu leisten, ist es für die Fachkräfte des Kinderschutzes notwendig, sich mit den unterschiedlichen Arten, Formen und Ursachen von Kindeswohlgefährdungen auseinanderzusetzen. Im Kinderschutzverfahren werden von den zuständigen Fachkräften laut § 8a SGB VIII bei gewichtigen Anhaltspunkten eine konkrete Einschätzung und Bewertung über das Gefährdungsrisiko bzw. die konkrete Gefahr für das Kind verlangt. Im Zusammenhang mit der Diagnostik und den weiteren Interventionsschritten ist es wichtig, zwischen den verschiedenen Formen von Kindewohlgefährdungen unterscheiden zu können.

„Rechtlicher Anknüpfungspunkt für die Unterteilung der Misshandlungsformen ist § 1666 BGB"[19], denn hier wird zwischen einer körperlichen, geistigen oder seelischen Gefährdung des Kindeswohls differenziert.[20]

---

[17] BGB

[18] Vgl. Bundesgerichtshof. Rechtsprechung des Bundesgerichtshofs. Unter: http://www.rechtsfragen-jugendarbeit.de/kindeswohlgefaehrdung-ueberblick.htm, Stand: 12.05.2016

[19] HUNDT, 2014, S. 22

[20] Vgl. Beck. Bürgerliches Gesetzbuch. § 1666 BGB, 2009

Unter Kindeswohlgefährdung wird in Artikel 19 der UN-Kinderrechtskonvention „jede Form körperlicher oder geistiger Gewaltanwendung, Schadenzufügung oder Misshandlung, Verwahrlosung oder Vernachlässigung, schlechter Behandlung oder Ausbeutung einschließlich des sexuellen Missbrauchs"[21] verstanden. Die Weltgesundheitsorganisation ergänzt den von der UN-Kinderrechtskonvention definierten Gefährdungsbegriff um folgende Bestandteile:

Unter Kindeswohlgefährdung werden „alle Formen der Gewalt gegen Kinder verstanden, die eine reale oder potenzielle Gefährdung der Gesundheit des Kindes, seines Überlebens, seiner Entwicklung oder seiner Würde im Kontext eines Verantwortungs-, Vertrauens- oder Machtverhältnisses zur Folge haben."[22]

2.2.1.1. Vernachlässigung

Vernachlässigung wird überwiegend als passive Gefährdungsform beschrieben und sie ist explizit in § 1666 BGB aufgelistet. Heinz Kindler hat die von Reinhold Schone verfasste Definition für Vernachlässigung an den geschaffenen rechtlichen Rahmen (§ 1666 BGB) angepasst und versteht unter Vernachlässigung ein „andauerndes oder wiederholtes Unterlassen fürsorglichen Handelns (bzw. Unterlassen der Beauftragung geeigneter Dritter mit einem solchen Handeln) durch Eltern oder andere Sorgeberechtigte, das für einen einsichtigen Dritten vorhersehbar zu erheblichen Beeinträchtigungen der physischen und / oder psychischen Entwicklung des Kindes führt oder vorhersehbar ein hohes Risiko solcher Folgen beinhaltet."[23] Bei der in der Definition beschriebenen Unterlassung fürsorglichen Handelns werden die körperlichen, seelischen, geistigen und materiellen Grundbedürfnisse des Kindes chronisch nur unzureichend von den Eltern befriedigt und das Kind wird nicht ausreichend ernährt, gekleidet, gepflegt, beaufsichtigt, gesundheitlich betreut und erhält von seinen Eltern nicht die notwendige emotionale Zuwendung, Liebe und Förderung.[24] Vernachlässigung ergibt sich in den meisten Fällen aufgrund von elterlicher Überforderung, Unkenntnis, Unfähigkeit, die kindlichen Bedürfnisse angemessen zu erkennen und auf diese dementsprechend einzugehen. Die Folgen von körperlicher Gewalt können sich schon durch einmalige Akte zeigen.

---

[21] UN-Kinderrechtskonvention. Unter http://www.kinderrechtskonvention.info/schutz-vor-koerperlicher-und-geistiger-gewaltanwendung-und-misshandlung-3571/, Stand: 02.05.2016
[22] DIMITROVA-STULL, 2014, S. 4
[23] KINDLER, . 2006, S. 41
[24] Vgl. ENGFER, 1986, S. 621

Vernachlässigung wird dahingegen erst zu einer Form von Kindeswohlgefährdung, wenn es sich um einen chronischen Zustand der Mangel- bzw. Unterversorgung des Kindes handelt. Ebenso zeigen sich die Folgen einer Vernachlässigung und die damit verbundenen Beeinträchtigungen der kindlichen Entwicklung nicht sofort sondern allmählich und aufbauend und können zu sozialen Auffälligkeiten und zu Entwicklungsverzögerungen führen.[25] Die Folgen der chronischen Mangelversorgung der kindlichen Bedürfnisse wirken sich umso stärker auf die betroffenen Kinder aus, je jünger diese sind. Dies liegt daran, dass vor allem Kleinkinder besonders stark auf den Schutz, die Fürsorge und die Förderung ihrer Eltern angewiesen sind und Vernachlässigung daher nicht aus eigener Kraft kompensieren können.

2.2.1.2. Körperliche Misshandlung

Die körperliche Misshandlung stellt genau wie die Vernachlässigung eine Form von Kindeswohlgefährdung dar. Sie wird jedoch nicht wie die Vernachlässigung in § 1666 BGB als eigene Gefährdungsform explizit aufgelistet, sondern unter eine „missbräuchliche Ausübung der elterlichen Sorge"[26] eingeordnet. Der Begriff der körperlichen Misshandlung wurde durch den amerikanischen Kinderarzt Henry Kempe geprägt und er verstand darunter eine „ nicht zufällige körperliche Verletzung eines Kindes infolge von Handlungen der Eltern oder Dritter".[27] Zu körperlicher Misshandlung werden alle bewussten oder unbewussten Handlungen in Form von Schlägen mit der Hand oder mit Gegenständen, Prügeln, starkes Festhalten, Verbrühen mit heißen Flüssigkeiten, Verbrennen, Entzug von Nahrung und Flüssigkeit, Unterkühlen, Beißen, Würgen gegen das Kind gezählt, welche bei diesem zu körperlichen Schmerzen oder Verletzungen führen können oder gar zum Tode.[28] Der Gesetzgeber verzichtet bewusst auf eine Auflistung von konkreten Misshandlungsformen, da diese im Einzelfall verschiedenste Ausprägungen haben können.

---

[25] Vgl. SCHONE, 1997, S. 19
[26] Vgl. Beck. Bürgerliches Gesetzbuch. § 1666 BGB. 2009, S. 356
[27] MERTENS, B, 2011, S. 26
[28] Vgl. Kinderschutz-Zentrum Berlin, 2009, S. 38

Zur körperlichen Misshandlung von Kindern werden nicht nur physische Schmerzen gezählt, sondern sie beinhaltet auch Handlungen der Eltern oder anderer Personen, die durch ihre Anwendung beim Kind mit hoher Wahrscheinlichkeit zu körperlichen und seelischen Beeinträchtigungen oder zu Beeinträchtigungen in der Entwicklung führen können. So kann die Androhung von körperlichen Schmerzen zu einer seelischen Beeinträchtigung des Kindes in Form von Angst, Verzweiflung, Scham, Selbstzweifel und/oder Erniedrigung führen, die sich wiederum psychosomatisch auswirken können und die Erstellung einer eindeutigen Diagnose erschweren. Eine eindeutige Einschätzung wird auch dadurch erschwert, dass es im Einzelfall nicht immer gelingt, einen eindeutigen Nachweis zu erbringen, wonach es sich bei den Verletzungen des Kindes um eine vorsätzliche oder grob fahrlässige Herbeiführung seitens der Eltern oder anderer Personen handelt. In diesen Fällen ist es für die zuständigen Fallmitarbeiter sinnvoll und hilfreich, sich Unterstützung und Beratung bei der Einschätzung der Verletzungen von Fachleuten aus anderen, vor allem aus den medizinischen und forensischen Bereichen einzuholen und sich selbst Wissen über verschiedene Verletzungsformen anzueignen.[29]

2.2.1.3. Psychische bzw. seelische Misshandlung

Psychische Misshandlung wird wie die körperliche Misshandlung in § 1666 BGB als „missbräuchliche Ausübung der elterlichen Sorge"[30] eingestuft. Bei der Festsetzung einer allgemeingültigen Definition tauchen jedoch die vielleicht größten Unsicherheiten auf. Die mittlerweile in Fachkreisen am häufigsten verwendete Definition beschreibt psychische Misshandlung als „wiederholte Verhaltensmuster der Betreuungspersonen oder Muster extremer Vorfälle, welche Kindern zu verstehen geben, sie seien wertlos, voller Fehler, ungeliebt, ungewollt, sehr in Gefahr oder nur dazu nütze, die Bedürfnisse eines anderen Menschen zu erfüllen".[31] Problematisch an dieser Definition ist vor allem die fehlende Klarheit bezüglich den elterlichen Verhaltensweisen, die zu negativen Beeinträchtigungen der kindlichen Entwicklung führen können. Es werden in der Definition nur die gefährdenden Erfahrungen miteinbezogen, nicht aber, wie diese sich auf die Entwicklung des Kindes auswirken können.

---

[29] Vgl. SCHADER, H., 2012, S. 31
[30] Vgl. Beck. Bürgerliches Gesetzbuch. 2009, § 1666 BGB
[31] Definition der Amerikanischen Professionellen Gesellschaft für Kindesmisshandlung (19995), übersetzt von Heinz Kinder: Handbuch KWG, 2006, S. 45

In der Fachliteratur werden zwei Formen von psychischer Misshandlung unterschieden, je nachdem, ob elterliches Handeln oder die Unterlassung fürsorglicher Pflicht im Mittelpunkt der Handlung stehen. Eine Form der psychischen Misshandlung, bei der das elterliche Handeln im Vordergrund steht, beinhaltet feindliche, abweisende oder ignorierende Verhaltensweisen von Eltern oder Erziehenden gegenüber dem Kind.

Die andere Form der psychischen Misshandlung, die durch die Unterlassung fürsorglicher Pflicht geprägt ist, beinhaltet das Vorenthalten der für eine gesunde emotionale Entwicklung notwendigen Erfahrungen.[32] Johannes Münder benennt fünf verschiedene Unterformen von psychischer Misshandlung, die entweder als einzelner Aspekt oder in Kombination auftreten können:

1. Feindselige Ablehnung der Eltern gegenüber dem Kind (z.b. ständiges Herabsetzen, Beschämen, Kritisieren oder Demütigen eines Kindes);

2. Ausnutzen und Korrumpieren (z.b. Kind wird zu einem selbstzerstörerischen oder strafbaren Verhalten angehalten oder gezwungen bzw. ein solches Verhalten des Kindes wird widerstandslos zugelassen);

3. Terrorisieren (z.b. Kind wird durch ständige Drohung in einem Zustand der Angst gehalten);

4. Isolieren (z.b. Kind wird in ausgeprägter Form von altersentsprechenden sozialen Kontakten ferngehalten);

5. Verweigerung der Eltern auf die Interaktions- und Kommunikationsversuche des Kindes einzugehen (z.b. Signale des Kindes und seine Bedürfnisse nach emotionaler Zuwendung werden anhaltend und in ausgeprägter Form ignoriert und nicht beantwortet).[33]

2.2.1.4. Sexueller Missbrauch

Die Begriffe sexueller Missbrauch, sexuelle Gewalt und sexualisierte Gewalt werden in der Fachliteratur synonym zueinander verwendet. Ich werde im nachfolgenden den Begriff des sexuellen Missbrauchs verwenden, auch wenn in vielen Fachkreisen die Verwendung der Begrifflichkeiten sexueller Missbrauch und Gewalt kritisiert wird, da nicht die Sexualität im Mittelpunkt der Handlung steht, sondern die Ausübung von Macht gegen den Willen des Opfers.

---

[32] Vgl. LENZ, A., 2012, S. 22
[33] Vgl. MÜNDER, J., 2000, S. 90 f.

Bei sexuellem Missbrauch handelt es sich aber stets um eine grenzüberschreitende sexuelle Handlung. Im Zusammenhang mit Kindeswohlgefährdungen ist unter sexuellem Missbrauch „jede sexuelle Handlung zu verstehen, die an oder vor einem Kind entweder gegen den Willen des Kindes vorgenommen wird oder der das Kind aufgrund körperlicher, psychischer, kognitiver oder sprachlicher Unterlegenheiten nicht willentlich zustimmen kann. Der Täter nutzt seine Macht- und Ausgangsposition aus, um seine eigenen Bedürfnisse auf Kosten des Kindes zu befriedigen."[34] Grenzüberschreitende sexuelle Handlungen gegen Kinder finden meist in Form von Belästigung, Masturbation, genitaler, oraler und analer Verkehr, sexueller Nötigung, Vergewaltigung, durch Ausbeutung oder durch Zwang zu pornographischen Aktivitäten und Prostitution statt. [35]

Definitionen, vor allem bei sexuellem Missbrauch an Kindern, helfen den Fachkräften im Kinderschutz (Familiengericht, Kinder- und Jugendhilfe, Polizei, Ärzte etc.) dabei, eine klarere Einschätzung über die Gefährdungssituation vorzunehmen und daraus nötige Interventionsschritte bzw. strafrechtliche Schritte einzuleiten. Die Übergänge zwischen einem noch tolerierbaren Verhalten und einem sexuellen Missbrauch sind jedoch nicht immer eindeutig bestimmbar[36], da sich bei einem Verdacht auf sexuellen Missbrauch häufig nur wenig medizinische Hinweise finden lassen.[37] Die Einschätzung der Fachkräfte bedarf daher weiterer Bestimmungsmerkmale, wie die Beurteilung des Machtgefälles oder die Absicht des Täters.

Das Strafgesetzbuch stellt Kinder und Jugendliche in Bezug auf sexuelle Übergriffe unter einen besonderen Schutz. So beschäftigt sich das Strafgesetzbuch in § 174 StGB mit dem sexuellen Missbrauch von Schutzbefohlenen und in § 176 StGB mit dem Missbrauch von Kindern. Diese schreiben fest, welche Handlungen unter den sexuellen Missbrauch fallen und wie diese, auch der Versuch, strafrechtlich einzustufen sind.[38]

---

[34] BANGE,D./DEEGENER, 1996, S. 105
[35] Vgl. LAMMEL 2013, S.33
[36] Vgl. KINDLER, 2006, S. 54-55
[37] HUNDT, 2014, S. 28
[38] Vgl. Beck: Strafgesetzbuch StGB, § 174 StGB

2.2.2. Grundsätze für die Einschätzung von Kindeswohlgefährdungen

Die Fachkräfte des Kinderschutzes, hier vor allem die Mitarbeiter im ASD müssen die verschiedenen Ausprägungen von Kindeswohlgefährdungen kennen. Je früher ein Kind körperlicher, seelischer, sexueller Gewalt oder Vernachlässigung ausgesetzt ist, desto größer ist die Gefahr von tiefgreifenden und langanhaltenden Verletzungen, Beeinträchtigungen und Entwicklungsverzögerungen bis hin zur Lebensgefahr.

Da sich die verschiedenen Formen von Kindesmisshandlung oftmals nicht klar voneinander abgrenzen lassen und differenzierter Präventions- und Interventionsmaßnahmen bedürfen, müssen für eine fundierte Einschätzung über das Gefährdungsrisiko vielerlei Informationen gesammelt und aus unterschiedlichen Blickwinkeln heraus bewertet werden. Hierbei muss eine Bewertung der gesammelten Informationen nach ihrer Priorität für das Wohlergehen und Überleben des Kindes erfolgen. [39]

---

[39] Vgl. Institut für Sozialarbeit und Sozialpädagogik e.V. , 2012, S. 68-69

3. Rechtliche Rahmenbedingungen im Kinderschutzverfahren

3.1. Kinderschutz

Nach den verfassungsrechtlichen Vorgaben des in Art. 6 GG haben originär die Eltern die Verpflichtung und die Verantwortung ihre Kinder so zu erziehen und zu pflegen, dass diese sich positiv entwickeln können. Die Eltern stehen primär in der Verantwortung, ihre Kinder vor Gefahren für ihr Wohl zu schützen und Gefahren von ihrem Kind abzuwehren. Nur wenn die Eltern nicht bereit und/oder in der Lage dazu sind, diesen Schutz für ihre Kinder zu gewährleisten, muss der Staat zum Schutz des Kindes durch bestimmte Maßnahmen eingreifen und unter Umständen das Elternrecht zum Wohle und Schutz des Kindes einschränken. Dies gilt in besonderem Maße, wenn die Eltern nicht bereit sind, bestehende Defizite durch die Inanspruchnahme von Hilfen auszugleichen.

Nachfolgend soll dargestellt werden, nach welchen rechtlichen Vorgaben die Jugendämter ihren staatlichen Schutzauftrag wahrnehmen, um einen effektiven und nachhaltigen Kinderschutz zu gewährleisten.

3.2. Das Wächteramt des Staates

Der staatlichen Gemeinschaft wird durch Art. 6 Abs. 2 Satz 2 GG die Aufgabe zugewiesen, über die elterliche Ausübung der Pflege und Erziehung der Kinder zu wachen.[40] Nach dieser Vorschrift wäre dem staatlichen Wächteramt nur eine reine Kontroll- und Überwachungsfunktionen zugeschrieben. Das staatliche Wächteramt beinhaltet nicht nur eine reine Kontrollfunktion, sondern auch die Verpflichtung zur effektiven Gefahrenabwehr durch Intervention.[41] Wenn die Eltern bzw. die Erziehungsberechtigten in der Fürsorge, Pflege oder Erziehung ihrer Kinder versagen oder wenn Kinder aus anderen Gründen zu verwahrlosen drohen und eine nachhaltige Gefährdung des Kindes vorliegt, ist der Staat bei einer mangelnder Inanspruchnahme geeigneter Hilfen verpflichtet, Kinder auch gegen den Willen der Eltern von ihrer Familie zu trennen.[42]

---

[40] Vgl. Beck. Grundgesetz, 2015, Art. 6 Abs. 2 GG
[41] Vgl. DIJuF, 2004, S. 51 ff.
[42] Vgl. Beck. Grundgesetz, 2015, Art. 6 Abs. 3 GG

Das Elternrecht ist demnach kein absolutes Recht. Es beinhaltet, das Kind vor Gefahren für sein Wohl zu schützen und das Selbstbestimmungsrecht des Kindes verantwortungsvoll zu achten.[43] Vor allem Kleinkinder sind besonders schutzbedürftig und auf die Fürsorge, Pflege und die Erziehung durch ihre Eltern angewiesen und können dies aufgrund ihres Alters und ihres geistigen Reife nicht selbst von ihren Eltern einfordern. Aufgrund dessen ist der Staat zur Einforderung der Rechte der Kinder verpflichtet und muss überprüfen, ob die Rechte der Kinder auf Erziehung und Betreuung durch ihre Eltern eingehalten werden.[44] Die Aufgaben und die Verpflichtungen des staatlichen Wächteramts werden vor allem im SGB VIII sowie im KKG und auch im BGB festgeschrieben. In § 1 Abs. 2 SBG VIII wird der Wortlaut des Art. 6 Abs. 2 GG wiederholt und dadurch in den Mittelpunkt des Aufgabenfeldes der Kinder- und Jugendhilfe gestellt.

Die Wächterfunktion des Staates wird durch die „Normierung entsprechender Aufgaben in gesetzlichen Regelungen auf staatliche Institutionen" übertragen.[45] Vor allem dem Träger der öffentlichen Jugendhilfe (Jugendamt) und dem Familiengericht wurden dadurch entsprechende Aufgaben und Pflichten übertragen, um den Schutz von Kindern zu gewährleisten. Aber auch anderen Trägern der Jugendhilfe und anderen Berufsfeldern wurden in Zusammenhang mit der staatlichen Wächterfunktion Aufgaben im Kinderschutz zugeschrieben. Hierunter fallen unter anderem die freien Träger der Jugendhilfe, Kindertagesstätten, Tagesmütter, Schulen, Polizei, Ärzte, Gesundheitsämter etc.[46]

Vor allem das Jugendamt und das Familiengericht haben bei ihren Präventions- und Interventionsaufgaben stets das Elternrecht zu achten und den Familien Hilfe und Unterstützung, auch präventiv, durch bestimmte Maßnahmen anzubieten, sodass einer Kindeswohlgefährdung frühzeitig begegnet und eine Herausnahme des Kindes verhindert werden kann. Erst wenn die Gefährdungsschwelle die in §1666 BGB beschriebenen Sachverhalte überschreitet und die Eltern nicht zur Mitarbeit mit dem Jugendamt bereit sind, ist das Jugendamt dazu verpflichtet, das Familiengericht anzurufen, sodass dieses gerichtliche Maßnahmen und - wenn für den Schutz des Kindes nötig - Eingriffe in das elterliche Sorgerecht anordnen kann. Der Eingriff in das Elternrecht ist gemäß §1666 BGB ausschließlich dem Familiengericht vorbehalten.

---

[43] Vgl. ARMBRUSTER, 2000, S. 51
[44] Vgl. HOHMANN-DENNHARDT, 2008, S. 477 ff.
[45] Nationales Zentrum Frühe Hilfen: Wächteramt des Staates. Stand: 05.05.2016
[46] Vgl. HUNDT, 2014, S. 43

3.3. Kinderschutz im ASD

3.3.1. Rechtliches Aufgabenspektrum des Jugendamtes

Der gesellschaftliche Auftrag des ASD ergibt sich aus dem Grundgesetz und den darauf bezogenen Sozialgesetzen. Die Vorschriften des Kinder- und Jugendhilfegesetzes im SGB VIII sollen als verbindliche Anforderung an das Aufgabenfeld der Fachkräfte im ASD dienen. Der ASD hat die Verpflichtung, sich für die Rechte der Kinder und Jugendlicher und deren Familien einzusetzen und die Bedarfslagen in Zeiten von Belastungen und Notlagen und Krisensituationen in den Familien frühzeitig zu erkennen und zu begegnen. Der ASD und die weiteren Träger der Jugendhilfe haben gemäß § 1 Abs. 3 Nr.1-4 SGB VIII den Auftrag, die Rechte von Kindern auf eine gesunde und soziale Entwicklung und eine förderliche Erziehung zu fördern und zu gewährleisten.[47] Dies geschieht unter anderem durch Angebote zur Förderung der Erziehung in der Familie, die Angebote der Jugendarbeit, der Jugendsozialarbeit, Angebote zur Förderung von Kindern in Tageseinrichtungen und durch Tagespflege.[48] Gemäß § 1 Abs. 3 Nr. 2 SGB VIII haben Eltern und andere Erziehungsberechtigte Anspruch auf Beratung und Unterstützung durch den ASD. Durch die Beratung sollen die Eltern dazu befähigt werden, ihre Erziehungsverantwortung besser wahrnehmen zu können, in dem ihnen, unter anderem Wege aufgezeigt werden sollen, wie Konfliktsituationen in der Familie gewaltfrei gelöst werden können.[49]

Familien in Krisen- und Belastungssituationen werden neben den reinen Beratungsfunktionen bei der Erziehung auch besondere Angebote zur Krisenbewältigung durch die öffentliche Jugendhilfe angeboten. Besondere Angebote für Krisen- und Belastungssituationen können sein: Beratung bei Trennung und Scheidung gemäß § 17 SGB VIII sowie die Betreuung und Versorgung des Kindes in Notsituationen gemäß § 20 SGB VIII.[50] Wenn eine dem Wohl des Kindes entsprechende Erziehung nicht gewährleistet ist, werden den Eltern Hilfen zur Erziehung gemäß §§ 27 ff. SGB VIII angeboten. Durch die Hilfen sollen Benachteiligungen vermieden oder abgebaut werden, Eltern und andere Erziehungsberechtigte bei der Erziehung beraten und unterstützt und Kinder und Jugendliche vor Gefahren für ihr Wohl beschützt werden.

---

[47] Vgl. Beck: Sozialgesetzbuch, 2015, § 1 Abs. 3 Nr. 1-4 SGB VIII
[48] Vgl. Beck: Sozialgesetzbuch, 2015, § 2 SGB VIII
[49] Vgl. Beck: Sozialgesetzbuch, 2015, § 16 SGB VIII
[50] Vgl. schuld ist immer das JA, S. 31

Benachteiligung liegt in diesem Zusammenhang vor, „wenn das, was für Sozialisation, Ausbildung und Erziehung Minderjähriger in der Gesellschaft normal üblich und erforderlich ist, tatsächlich nicht vorhanden ist."[51] Wenn das Wohl des Kindes oder des Jugendlichen trotz der Angebote und Leistungen der öffentlichen Jugendhilfe weiterhin gefährdet ist oder die Eltern die Angebote verweigern, muss der ASD prüfen, ob eine Anrufung des Gerichts –wie bereits weiter oben erläutert- gemäß §8a Abs. 3 SGB VIII erforderlich ist. In akuten Notsituationen ist das Jugendamt gemäß § 42 Abs. 1 SGB VIII berechtigt und verpflichtet, ein Kind oder einen Jugendlichen in seine Obhut zu nehmen, wenn das Kind oder der Jugendliche um Obhut bittet oder eine dringende Gefahr für das Wohl des Kindes oder des Jugendlichen die Inobhutnahme erfordert.[52]

Der ASD steht in seinem Handeln immer wieder im Spannungsfeld zwischen Kindeswohl und Elternrecht. Zum einen ist gesetzlich vorgeschrieben, die Eltern bzw. Personensorgeberechtigen bei der Erziehung ihrer Kinder zu unterstützen. Zum anderen sollen Kinder und Jugendliche vor Gefahren für ihr Wohl geschützt werden. Dies gegebenenfalls auch gegen den Willen der Eltern. Das Aufgabenspektrum des Jugendamts, ist am Wohl des Kindes ausgerichtet. Wenn die Eltern nicht zum Wohle ihres Kindes handeln, hat der Schutz des Kindes bzw. des Jugendlichen stets Vorrang vor dem Willen der Eltern bzw. der Sorgeberechtigen.

3.3.2. Schutzauftrag der öffentlichen Jugendhilfe nach 8a SGB VIII bei Kindeswohlgefährdung

Der Kinderschutz hat für den ASD oberste Priorität, da „das Jugendamt die Garantenstellung innehat."[53] Im Kinder- und Jugendhilfegesetzt ist die „rechtliche Grundlage für die Wahrnehmung des Schutzauftrages bei einer Kindeswohlgefährdung geregelt".[54] So verpflichtet § 1 Abs. 3 Nr. 3 den ASD dazu, Kinder und Jugendliche vor Gefahren für ihr Wohl zu schützen und damit Schutzmaßnahmen bei Gefährdungen des Kindeswohls zu ergreifen.

---

[51] TRENCZEK, 2009, S. 2
[52] Vgl. Beck: Sozialgesetzbuch, 2015, § 42 SGB VIII

[53] PETRY, 2013, S. 19
[54] HUNDT, 2014, S. 44

3.3.2.1. Risikoeinschätzung und Vorgehensweise des Jugendamts bei gewichtigen Anhaltspunkten bei Kindeswohlgefährdung

Bei gewichtigen Anhaltspunkten hat das Jugendamt die Verpflichtung, seinen Schutzauftrag gemäß § 8a SGB VIII anzuwenden und in seiner Rolle des staatlichen Wächteramts zu agieren. Unter gewichtigen Anhaltspunkten sind konkrete Hinweise, Informationen oder ernstzunehmende Vermutungen zu verstehen, die auf eine konkrete oder mögliche Gefahr für das Wohl eines Kindes hindeuten und die durch die Fachkräfte des ASD zu überprüfen sind.[55] Eine Auflistung von Anhaltspunkten, die auf eine Gefährdung für das Wohl des Kindes schließen lassen, liefert das SGB VIII nicht.

Die fallzuständige Fachkraft muss nach Eingang einer Kindeswohlgefährdungsmeldung eine eigene, fachlich begründete Risiko- und Sicherheitseinschätzung über das als gefährdet beschriebene Kind vornehmen.[56] Um individuelle Fehldeutungen bei der Bewertung der Gefährdungslage möglichst zu vermeiden, sieht der Gesetzgeber vor, dass alle Fachkräfte der öffentlichen Jugendhilfe dazu verpflichtet sind, die erhaltenen Informationen und ihre eigenen Wahrnehmungen über das Gefährdungsrisiko, im Zusammenwirken mehrerer Fachkräften, multiperspektivisch einzuschätzen und zu bewerten.[57]

Ziel des Zusammenwirkens mehrerer Fachkräfte ist die Beantwortung der Frage, ob es sich bei der eingegangenen Gefährdungsmeldung um eine ernstzunehmende oder unmittelbare Gefahr für das Wohl des Kindes handelt und wann ein Eingreifen des Jugendamts erforderlich ist. Ebenfalls soll bei der Gefährdungseinschätzung das Fallverstehen verbessert und die Perspektivenvielfalt bei der Verarbeitung der eingegangenen Gefährdungsinformationen erweitert werden. Auch soll hierdurch für die fallzuständige Fachkraft mehr Sicherheit entstehen. Zur Beurteilung der Gefährdungssituation ist oftmals das Hinzuziehen einer insoweit erfahrenen Fachkraft z.B. eine Fachkraft, die sich speziell auf den Kinderschutz spezialisiert hat, notwendig, um deren Qualifikation zur Erkennung und Bewertung von Gefährdungen für Kinder, in der Einschätzung der Gefährdungslage, zu nutzen.

---

[55] Vgl. Institut für Sozialarbeit und Sozialpädagogik e.V. , 2012, S. 25
[56] Vgl. KINDLER,. 2006, S.261
[57] Vgl. Beck: Sozialgesetzbuch, 2015, § 8a Abs. 1 Satz 1 SGB VIII

Ebenfalls können sich andere Berufsgruppen wie Ärzten, Psychologen, Polizisten, Kindergärtner, Lehrer etc. der Gefährdungseinschätzung als nützlich erweisen und eine andere Blickwinkel auf den Gefährdungsfall lenken.[58] Eine zu einseitige Bewertung der Gefährdungssituation und der eingegangenen und gesammelten Informationen kann durch das Zusammenwirken mehrerer Fachkräfte und mehrerer Berufsgruppen jedoch auch zu Fehlentscheidungen und damit zu einem ungünstigen Verlauf der Intervention führen. Es ist daher notwenig, den Entscheidungs- und Einschätzungsprozess im Team durch „spezifische, standardisierte Gruppen- und Verfahrensregeln zu strukturieren, sodass z.b. die Gefahr einer verzerrten und vorzeitigen Bewertung von Informationen oder der Tabuisierung bestimmter Themen verringert werden kann"[59]

Da das Grundgesetz vorschreibt, dass die Pflege und Erziehung der Kinder das natürliche Recht der Eltern ist, müssen die Eltern von den Fachkräften der öffentlichen Jugendhilfe beraten, unterstützt und gestärkt werden, sodass sie in den Entscheidungs- und Handlungsprozess zum Wohle ihres Kindes integriert werden. § 8a Abs. 1 Satz 3 SGB VIII fordert daher, dass die Fachkräfte des Jugendamts die Eltern bzw. die Erziehungsberechtigten und das betroffene Kind bzw. den Jugendlichen in die Gefährdungseinschätzung mit einbeziehen und mit ihnen gemeinsam, falls erforderlich, ein Hilfekonzept erarbeiten sollen. Wenn es die Gefährdungseinschätzung erfordert, sollen sich die Fachkräfte auch einen unmittelbaren Eindruck von dem Kind und von seiner persönlichen Umgebung verschaffen.[60] Wenn der wirksame Schutz des betroffenen Kindes oder Jugendlichen durch die Einbeziehung der Eltern bzw. der Personensorgeberechtigten gefährdet ist, kann die Einbeziehung der Eltern zur Informationsbeschaffung und zur Einschätzung der Gefährdungslage umgangen werden.[61]

---

[58] Vgl. PINKVOSS, 2009, S. 40-41
[59] KINDLER, 2006, S.268
[60] Vgl. Beck: Sozialgesetzbuch, 2015, § 8a Abs. 1 Satz 2 SGB VIII
[61] Vgl. Beck: Sozialgesetzbuch, 2015, § 8a Abs. 1 Satz 2 SGB VIII

3.3.2.2.Einschätzung von Gefährdungen am Beispiel des Stuttgarter Kinderschutzbogens

Aufgrund mehrerer Todesfälle von Kindern durch körperliche Misshandlung oder Vernachlässigung, die in Fachkreisen und in den Medien intensiv diskutiert wurden, kam es zur flächenweiten Einführung von Instrumenten zur Unterstützung bei der Risikoeinschätzung bei eingehenden Kindeswohlgefährdungen. Bei der Bearbeitung von Gefährdungsmeldungen müssen von den Fachkräften des Jugendamts eine Vielzahl von Gefährdungseinschätzungen vorgenommen werden. Die Ein- bzw. Abschätzung des Gefährdungsrisikos beinhaltet den Aspekt der Sammlung von bedeutsamen Informationen, den Aspekt der Informationsbewertung und den Aspekt der nachvollziehbaren Dokumentation der Risikoeinschätzung.[62] Standardisierte Einschätzungsbögen und Checklisten werden hierbei als Unterstützung bei der Einschätzung und Dokumentation der Risikoabklärung verwendet.[63] Denn jede Kindeswohlgefährdungsmeldung, unabhängig davon, ob sie beim fallzuständigen Mitarbeiter des Jugendamts mündlich, telefonisch oder schriftlich erfolgt, ist von dem Mitarbeit schriftlich zu dokumentieren und dementsprechend zu behandeln. Der Stuttgarter Kinderschutzbogen gehört in diesem Zusammenhang zu den standardisierten Verfahren zur Risikoeinschätzung in Deutschland und wurde seit seiner Einführung 2002 kontinuierlich weiterentwickelt und seither in vielen Jugendämtern in Deutschland bei der Einschätzung von Gefährdungsrisiken und als Dokumentation der Risikoeinschätzung eingesetzt.[64]

Er stellt eine Arbeitshilfe zur Einschätzung von Gefährdungsrisiken dar und soll die Fachkräfte des Jugendamts als Orientierungshilfe - in Form eines Kataloges - bei der Einschätzung gewichtiger Anhaltspunkte unterstützen. Er dient dazu, die Qualität im Kinderschutz zu sichern und als Wahrnehmungs- und Evaluationsinstrument Gefährdungen für das Wohl von Kindern wahrzunehmen und im Umgang mit den Eltern bzw. Erziehungsberechtigten qualifiziert zu handeln. Ebenfalls dient er als Unterstützung bei der Kommunikation und Koordination sowie beim Zusammenwirken mehrerer Fachkräfte und als fachliche Grundlage für die Anrufung des Familiengerichts.[65]

---

[62] Vgl. Verein für Kommunalwissenschaften e.V. , 2006, S. 64
[63] Vgl. HUNDT, 2014, S. 121
[64] Vgl. Deutsches Jugendinstitut: Validierung und Evaluation des Kinderschutzbogens. Unter: http://www.dji.de/index.php?id=41129. Stand: 09.05.2016
[65] Vgl. Jugendrundschreiben Nr.3/2013, 2013, S. 3

Der Kinderschutzbogen wird bei jedem Gefährdungsneufall und bei jeder neuen Gefährdungsmeldung bei laufenden Fällen eingesetzt, wenn nach der ersten Überprüfung nicht ausgeschlossen werden kann, dass eine Kindeswohlgefährdung vorliegt.

3.3.2.2.1. Aufbau des Stuttgarter Kinderschutzbogens

Der Stuttgarter Kinderschutzbogen bezieht sich auf alle Formen von Gefährdungen und Misshandlungen für das Kind. Mit ihm werden die Daten erhoben, welche die fallzuständige Fachkraft im Jugendamt für die Bewertung einer Kindeswohlgefährdung benötigt. Anhand der darin aufgelisteten Punkte zu 14 unterschiedlichen Themenbereichen können die Fachkräfte der Jugendämter jeden individuellen Fall daraufhin überprüfen, welche Maßnahmen das Jugendamt in der Familie als sinnvoll erachtet, um den Schutz und eine positive Entwicklung des Kindes innerhalb oder außerhalb der Familie zu gewährleisten.[66]

Bezogen auf die unterschiedlichen Altersstufen der Kinder gibt es vier differenzierte Altersmodule für nachstehende Altersgruppen:
- 0 bis unter 3 Jahre
- 3 bis unter 6 Jahre
- 6 bis unter 14 Jahre
- 14 bis unter 18 Jahre

Der Kinderschutzbogen setzt sich aus verschiedenen Modulen zusammen, welche ich im nachfolgenden auflisten möchte:[67]
- Familien-Grunddaten

    Die Familien-Grunddaten dienen der Erhebung von familiären Daten, der Familienkonstellation und dem Genogramm, um sich einen Überblick über das Familiensystem und die Stellung des Kindes in der Familie zu verschaffen.
- Erscheinungsbild des Kindes

    Bei diesem Modul werden die körperlichen, psychischen und kognitiven Erscheinungen und das Sozialverhalten erfasst
- Interaktion zwischen Kind/Jugendlichem und Bezugsperson

---

[66] Vgl. Deutsches Jugendinstitut: Kindesvernachlässigung: früh erkennen- früh helfen. Unter: http://www.dji.de/index.php?id=40791&print=1 . Stand: 19.05.2016
[67] Vgl. Senatsverwaltung für Bildung, Wissenschaft und Forschung , 2008, S. 16

- Grundversorgung und Schutz des Kindes/Jugendlichen

- Sicherheitseinschätzung

  Das Modul Sicherheitseinschätzung hilft dem fallzuständigen Mitarbeiter anhand der Kriterien einzuschätzen, ob das Wohl des Kindes bis zum nächsten Kontakt mit der Familie gewährleistet ist oder ob unverzüglich Maßnahmen zum Schutze des Kindes getroffen werden müssen.

- Risikofaktoren für eine anhaltende bzw. hohe Gefährdung einer Misshandlung oder Vernachlässigung

- Ressourcen und Prognosen

- Einschätzung der Kindeswohlgefährdung

- Hilfe- und Schutzkonzept – auf der Grundlage der vorgenommenen Risikoeinschätzung

  Hier werden die nächsten Verfahrensschritte des Jugendamts dargestellt und - bezogen auf die Gefährdungseinschätzung - werden den Eltern bzw. den Erziehungsberechtigen Handlungsoptionen, z.b. in Form von Hilfe zur Erziehung, vorgeschlagen. Im Rahmen der Hilfeplanung soll gemeinsam mit der Familie ein individuelles Schutzkonzept erstellt werden, in welchem die Ziele zum Schutz des Kindes und die Maßstäbe zur Zielerreichung dokumentiert werden. Ebenfalls ist ein spezifisches Hilfekonzept zur Unterstützung und Förderung der kindlichen Bedürfnisse und der elterlichen Kompetenzen gemeinsam zu erarbeiten.

Jeder altersdifferenzierte Bogen erfasst alterspezifische Kriterien zur Risikoeinschätzung, die sich nach ihrer Relevanz für eine Gefährdung unterscheiden.[68] Der Stuttgarter Kinderschutzbogen beinhaltet darüber hinaus einen Orientierungskatalog, mit sogenannten Ankerbeispielen, für die unterschiedlichen Altersgruppen, die für die Bewertung einer Gefährdung und für die kollegiale Beratung hilfreich sind. Die Ankerbeispiele beinhalten das Wissen und die Erfahrungswerte von Fachkräften aus Jugendämtern im Kontakt mit Familien, in denen Kindeswohlgefährdung vorkamen. Durch diese Orientierungshilfe soll die Bewertung der Gefährdung anhand von Punkten auf einer Skala von 1 bis 10 erleichtert werden.[69]

---

[68]Vgl. Verein für Kommunalwissenschaften e.V. , 2006, S.70
[69] Vgl. Senatsverwaltung für Bildung, Wissenschaft und Forschung , 2008, S. 63

3.3.2.3. Möglichkeiten aussagekräftiger Gefährdungseinschätzungen

Die Frage, die sich in diesem Zusammenhang nun stellt, ist die, ob sich Entwicklungen, die zu einer erneuten Kindeswohlgefährdung führen können, durch verschiedene Instrumente zur Unterstützung bei der Risikoeinschätzung zutreffend voraussehen lassen. Die mit der Risikoeinschätzung betrauten Fachkräfte sollten sich hierbei nicht nur auf sichtbare Verhaltensweisen und Symptome beschränken, sondern sie sollten auch prognostische Einschätzungen über die Wahrscheinlichkeit weiterer Misshandlungen vornehmen.[70] Die Grundlage für prognostische Risikoeinschätzungen bei wiederholt stattfindenden Kindesmisshandlungen bilden so genannte Risikofaktoren, welche Gewalt gegen Kinder und Jugendliche in gewissen Fällen begünstigen können.[71] Laut dem Nationalen Zentrum Frühe Hilfen lassen drei oder mehr Risikofaktoren auf das „Fortbestehen eines hohen Misshandlungs- und Vernachlässigungsrisikos schließen."[72] Die Ursachen von Misshandlungen gegen Kinder sind vielfältig und zahlreiche Faktoren innerhalb der Familie können bei der Entstehung von Kindeswohlgefährdungen eine Rolle spielen. Der soziale Kontext, in welchem die Familie lebt, spielt eine wichtige Rolle bei der Frage, ob sich Risikofaktoren auf das Wohl eines Kindes derart auswirken können, dass dessen seelische Entwicklung und das körperliche Wohl des Kindes gefährdet werden.[73]

Faktoren, die Gewalt gegen Kinder begünstigen, müssen immer in einem übergreifenden Rahmen begutachtet werden, wobei es Faktoren gibt, die die Entwicklung von Kindern, auch ohne das Auftreten einer akuten Kindeswohlgefährdung, stark beeinflussen können. Es kann jedoch im Voraus keine Aussage darüber getroffen werden, inwieweit gewaltbegünstigende Faktoren im Einzelfall überhaupt oder in welchem Ausmaß zu einer Kindeswohlgefährdung beitragen können. Kindesmisshandlungen sind häufig nicht nur auf einzelne Ursachen zurückzuführen, sondern sind oftmals das Ergebnis eines verflochtenen Zusammenspiels zahlreicher Einfluss- und Risikofaktoren. Die Risikofaktoren der verschiedenen Formen von Kindesmisshandlung treten häufig in sehr unterschiedlichen, nicht klar voneinander abgrenzbaren Erscheinungsformen auf und überschneiden sich in vielerlei Bereichen.

---

[70] Vgl. DEEGENER/KÖRNER, 2005, S. 285
[71] Vgl. Verein für Kommunalwissenschaften e.V. , 2006, S.64
[72] Nationales Zentrum Frühe Hilfen, Mai 2016, S. 3
[73] Vgl. DETTMEYER, 2008, S. 193

Untersuchungen zur Entstehung von Misshandlungen gegen Kinder haben Faktoren für die Einschätzung des Risikos wiederholter Misshandlung herausgearbeitet. Die herausgearbeiteten Risikofaktoren sind nicht einzeln betrachtet aussagekräftig für die Wahrscheinlichkeit der Entstehung von Kindeswohlgefährdung, sondern müssen aus allen Bereichen in einem übergeordneten Rahmen betrachtet werden. Aus den Untersuchungen ergaben sich folgende Faktoren, die das Risiko einer Kindeswohlgefährdung erhöhen können, vor allem dann, wenn sie in Kombination zueinander auftreten:[74]

- Vorgeschichte der Eltern und elterliche Persönlichkeitsmerkmale
- Kulturelle und gesellschaftliche Herkunft der Eltern
- Merkmale des Kindes (z.B. gesundheitliche Probleme, Entwicklungsverzögerungen, Auffälligkeiten in der körperlichen Entwicklung, Verhaltensprobleme im sozialen Umfeld)
- Psychische Gesundheit und Intelligenz der Eltern (psychische Störungen, z.B. Schizophrenie)
- Lebenswelt der Familie.

Belastende biografische Erlebnisse in der Vergangenheit der Eltern, wie das Erleben von Misshandlungen oder Vernachlässigung in der eigenen Kindheit, führen zwar nicht zwangsläufig zur Übertragung der eigenen Gewalterfahrungen auf die eigenen Kinder, sie können das Risiko von Gewalt jedoch erhöhen.[75]

Die in der Kindheit der Eltern erfahrenen Gewalthandlungen können dazu beitragen, dass die Erziehungskompetenz der Eltern und die Wahrnehmung der Bedürfnisse und Signale der Kinder seitens der Eltern beeinträchtigt werden, da erlebte Gewalterfahrung der Eltern häufig zu einem „problematischen verinnerlichten Elternbild beigetragen haben".[76]

Soziale Benachteiligungen in der Lebenswelt der Familie können in diesem Zusammenhang ebenfalls als Risikofaktor angesehen werden, insbesondere dann, wenn die Familie von Armut, Arbeitslosigkeit und sozialer Isolation gegenüber Verwandtschaft, Freundeskreis oder Nachbarschaft betroffen ist und dies bei den Kindern zu Entwicklungsdefiziten, Unterversorgung und sozialer Ausgrenzung führen kann.[77] So können soziale Benachteiligungen zu Belastungen und Überforderungen innerhalb der Familie führen und dadurch die Wahrscheinlichkeit von Gewaltanwendungen gegen

---

[74] Vgl. Verein für Kommunalwissenschaften e.V. , 2006, S.64-65
[75] Vgl. DETTMEYER, 2008, S. 196
[76] Ebd.
[77] Vgl. KINDLER, 2006, S. 141-143

Kinder erhöhen. Hier ist allerdings zu betonen, dass nicht soziale Benachteiligungen zu Misshandlungen der Kinder führen, sondern die durch die Benachteiligungen entstandenen Verhaltensweisen der Eltern gegenüber ihrem Kind und die durch die soziale Benachteiligung verbundenen weiteren Gefährdungsrisiken.

Die Ermittlung und das Zusammenführen mehrerer Risikofaktoren für die Entstehung wiederholter Misshandlungen können zu einer größeren Handlungssicherheit bei den Fachkräften des Jugendamts führen, jedoch nicht zu einer vollkommenen Sicherheit der Voraussage von Misshandlungen. Die Ermittlung von Risikofaktoren im Kinderschutzverfahren soll vielmehr dabei helfen, individuelle und an die Bedürfnisse der Familien angepasste Kontrollen und Hilfen zu installieren.[78] Die Bedeutung der gesammelten Informationen für die zukünftige Wahrscheinlichkeit einer Misshandlung und/oder Vernachlässigung muss in diesem Zusammenhang jedoch diskutiert werden."[79]

3.3.3. Interventions- und Präventionsmaßnahmen der öffentlichen Jugendhilfe

Nach Beendigung der Gefährdungseinschätzung und dem daraus resultierenden Ergebnis der Risikoeinschätzung muss sich das Jugendamt entweder für den Weg der Unterstützung oder den Weg der Intervention im Zusammenhang mit gerichtlichen Maßnahmen nach §1666 BGB entscheiden. So führt diese Entscheidung entweder zu Unterstützungsmaßnahmen gemäß §§ 27ff SGB VIII oder zu Interventionsmaßnahmen gemäß § 8a Abs. 2 und 3 SGB VIII.

3.3.3.1.Hilfe durch Unterstützung und Stärkung der elterlichen Erziehungskompetenz

Vor einem gerichtlichen Eingriff in das Elternrecht nach § 1666 BGB muss die Kinder- und Jugendhilfe versuchen, ihren Schutzauftrag mittels bedarfsgerechter Hilfen in den Familien wahrzunehmen. Wenn die Gefahr für das Wohl des Kindes durch die Gewährung von Hilfen nach § 27 ff SGB VIII abgewendet werden kann, so hat das Jugendamt diese den Eltern bzw. den Erziehungsberechtigen anzubieten.[80]

---

[78] Vgl. Verein für Kommunalwissenschaften e.V. , 2006, S.65-66
[79] Nationales Zentrum Frühe Hilfen, Mai 2016, S. 4
[80] Vgl. Beck: Sozialgesetzbuch, 2015, § 8a Abs.1 Satz 3 SGB VIII

Ist eine für das Wohl des Kindes entsprechende Erziehung nicht gewährleistet und lassen sich die Eltern und die Kinder auf die Beratung und die Unterstützung seitens des Jugendamts ein, so hat das Jugendamt entsprechende Hilfen nach §§ 27 ff SGB VIII einzuleiten.[81] Die Eltern bzw. die Personensorgeberechtigten haben bei der Erziehung ihres Kindes einen Anspruch auf Hilfe und Unterstützung in Form von Hilfen zur Erziehung, wenn eine dem Wohl ihres Kindes entsprechende Erziehung nicht gewährleistet ist und die Hilfe- und Unterstützungsmaßnahmen für seine Entwicklung geeignet und notwendig sind.[82] Hilfen zur Erziehung nach §§ 27 ff SGB VIII werden nicht nur zur Vermeidung oder zur Abwehr bereits bestehender Gefährdungen für das Kind gewährt, sondern haben auch einen präventiven Charakter und wurden vom Gesetzgeber bewusst unterhalb der Eingriffs- bzw. Gefährdungsschwelle von § 1666 BGB angesiedelt.[83]

Die Beratungs- und Unterstützungsangebote des Jugendamts können jedoch nur in der Familie greifen und das Wohl des Kindes sicherstellen bzw. fördern, wenn die Maßnahmen von den Eltern und ihren Kindern gewollt, akzeptiert und auch in ihrem Umfang und ihrer Form mitgestaltet werden können. Aufgrund dessen ist eine gute Grundlage für die Zusammenarbeit zwischen dem Jugendamt und der Familie zu erarbeiten.

Hilfemaßnahmen nach §§ 27 ff. können gegen den Willen der Eltern bzw. der Erziehungsberechtigten nicht in der Familie installiert werden.[84] Sieht das Jugendamt dennoch die Notwendigkeit in der Installierung von familiären Hilfemaßnahmen, so ist dieses nach § 8a Abs. 3 SGB VIII verpflichtet, das Familiengericht anzurufen oder das Kind nach § 42 SGB VIII in Obhut zu nehmen.

Das Kinder- und Jugendhilfegesetz unterscheidet zwischen drei Arten von Unterstützungsmaßnahmen in Form von Hilfen zur Erziehung. Diese wären die familienunterstützende Hilfe (ambulant), die familienergänzende Hilfe (teilstationär) und die familienersetzende Hilfe (stationär). Als Hilfen zur Erziehung werden insbesondere die Maßnahmen nach §§ 28 bis 35 des SBG VIII gewährt.[85]

---

[81] Vgl. Beck: Sozialgesetzbuch, 2015, § 27 SGB VIII
[82] Vgl. Beck: Sozialgesetzbuch, 2015, § 27 Abs. 1 SGB VIII
[83] Vgl. KINDLER, GERBER, LILLIG, 2016, S.5
[84] Vgl. WIESNER, 2001, S. 336
[85] Vgl. Beck: Sozialgesetzbuch, 2015, § 27 Abs. 2 SGB VIII

Das Wort *insbesondere* soll hierbei zum Ausdruck bringen, dass nicht nur die aufgelisteten Maßnahmen des SGB VIII als vorgeschriebene Unterstützungsmaßnahmen Geltung finden, sondern dass auch neue Hilfeformen entwickelt und verwendet werden können.[86] Denn gemäß § 27 Abs. 2 SGB VIII sollen sich Art und Umfang der Hilfemaßnahmen nach dem individuellen erzieherischen Bedarf richten. Durch Hilfen zur Erziehung sollen Gefährdungsrisiken für Kinder oder Jugendliche frühzeitig in ihrer Entstehung durch die sozialpädagogischen Fachkräfte der öffentlichen und freien Jugendhilfe erkannt werden. Die Leistungsberechtigten der Hilfen sollen sich ihren Möglichkeiten und Ressourcen entsprechend in die Maßnahmen einbringen können.[87] Mit Hilfe der Unterstützungsmaßnahmen sollen nach einer gewissen Zeitspanne das Wohl der Kinder oder Jugendlichen gesichert und die Selbsthilfe der Familie gestärkt werden, sodass die geleisteten Hilfemaßnahmen mit der Zeit von der Familie nicht mehr benötigt werden. Gemäß § 9 Nr. 2 SGB VIII müssen die jeweiligen individuellen sozialen und kulturellen Bedürfnisse der Kinder und Jugendlichen und ihrer Familien in den Hilfeleistungen berücksichtigt werden.[88]

Zu den familienunterstützenden bzw. ambulanten Maßnahmen der Hilfen zur Erziehung gehören die im SGB VIII aufgelisteten Paragraphen 28-31. Hierzu zählen die Erziehungsberatung (§28 SGB VIII), die Soziale Gruppenarbeit (§ 29 SGB VIII), der Erziehungsbeistand (§30 SGB VIII) und die Sozialpädagogische Familienhilfe (§31 SGB VIII). Durch ambulante Hilfemaßnahmen sollen die Eigenkräfte der Familien mobilisiert werden, damit diese selbst Veränderungen an ihrer problembelasteten Lebenslage vornehmen, um das Leben im häuslichen Umfeld positiver zu gestalten und das Wohl der Kinder zu sichern. Ebenfalls sollen Erziehungsthemen mit der Familie bearbeitet und Gefährdungsrisiken dadurch minimiert werden.

Grundvoraussetzung für den Erfolg und die Effektivität der ambulanten Hilfemaßnahmen, ist die Bereitschaft der Familie zur Mitarbeit und die Motivation, an der gegenwärtigen Lebenssituation etwas verändern zu wollen und neue Handlungsmöglichkeiten zu erlernen und umzusetzen.

---

[86] Vgl. WIESNER,2001, S. 338
[87] Vgl. Verein für Sozialpädagogische Modelle e.V..Unter: http://www.vsm-frankfurt.de/index.php?sec=a&pos=5 , Stand: 14.05.2016
[88] Vgl. Beck: Sozialgesetzbuch, 2015, § 9 Nr.2 SGB VIII

Eine akute Kindeswohlgefährdung kann durch ambulante Hilfemaßnahmen von den Fachkräften der öffentlichen und freien Träger der Jugendhilfe jedoch nicht abgewendet werden. Das Kindeswohl bzw. der Verbleib des Kindes oder Jugendlichen kann zwar unter Umständen durch eine engmaschige Kontrolle der Fachkräfte sichergestellt werden, der Erfolg der Maßnahme ist jedoch gefährdet, wenn die Bereitschaft zur Veränderung innerhalb der Familie nicht vorhanden ist.[89]

Neben den familienunterstützenden bzw. ambulanten Maßnahmen der Hilfen zur Erziehung führt das SGB VIII auch familienergänzende bzw. teilstationäre Hilfen auf. Hierzu zählt die Erziehung in einer Tagesgruppe gemäß § 32 SGB VIII. Diese Hilfeform wendet sich unmittelbar an Kinder oder Jugendliche mit Verhaltensauffälligkeiten oder Entwicklungsverzögerungen und orientiert sich stark an ihrer Lebenswelt. Durch die Tagesgruppen sollen die Kinder betreut und in ihrer Entwicklung gefördert, unterstützt und dadurch der Verbleib in ihren Familien ermöglicht werden.[90] Ebenfalls soll durch diese Hilfeform die Beziehungsqualität zwischen Kind und Eltern gestärkt bzw. verbessert werden. Zudem soll das Kind in seiner schulischen Entwicklung gefördert werden.

Das Jugendamt installiert in der Regel familienersetzende bzw. stationäre Hilfen zur Erziehung erst dann, wenn die zuvor eingesetzten ambulanten oder teilstationären Hilfen in der Familie nicht greifen konnten, es dadurch nicht zu einer Verbesserung der Lebenssituation der Kinder und ihrer Familien geführt hat und daher ein Verbleib des Kindes in der Familie für eine gewisse Zeit nicht mehr möglich ist.[91] Zu den stationären Hilfen zur Erziehung gehören die Maßnahmen nach §§ 32- 34 SGB VIII. Gemäß § 34 SGB VIII sollen durch stationäre Hilfen zur Erziehung die Bedingungen in der Familie verbessert werden, sodass eine Rückkehr des Kindes in seine Familie erreicht werden kann. Wenn eine Rückführung des Kindes nicht möglich ist, soll das Kind oder der Jugendliche in seiner Entwicklung gefördert und auf ein selbstständiges Leben vorbereitet werden.

---

[89] Vgl. Zentrum Bayhern Familie und Soziales, Bayrisches Landesjugendamt. Unter: http://www.blja.bayern.de/service/bibliothek/fachliche-empfehlungen/spfh.php#Umgang_mit_Kindeswohl , Stand: 14.05.2016
[90] Vgl. ECARIUS, 2008, S.579
[91] Vgl. PINKVOSS, 2009, S. 50

3.3.3.2. Sicherung des Kindesschutzes in der Hilfeplanung

Wenn eine dem Wohl des Kindes oder des Jugendlichen entsprechende Erziehung nicht gewährleistet ist und die Hilfe für seine Entwicklung geeignet und notwendig ist, haben Eltern bzw. Personensorgeberechtigte gemäß § 27 Abs. 1 SGB VIII bei der Erziehung eines Kindes oder eines Jugendlichen Anspruch auf Hilfe in Form von Hilfe zur Erziehung.[92] Für die Durchführung, die Überprüfung und die Evaluation der eingerichteten Hilfemaßnahme ist ein bestimmtes Verfahren vom Gesetzgeber vorgeschrieben - die sogenannte Hilfeplanung. Die Hilfeplanung bezeichnet den Gesamtprozess bei der Hilfegewährung von der Beratung der Eltern bzw. der Personensorgeberechtigen und den Kindern bzw. Jugendlichen über die Feststellung des Hilfebedarfs und der Installation einer Hilfemaßnahme, bis hin zur Beendigung der Hilfe.[93] Sie beginnt, sobald die Eltern bzw. Personensorgeberechtigen ihren rechtlichen Anspruch auf Unterstützung durch das Jugendamt in Form von Hilfen zur Erziehung geltend machen (durch Antrag). Das Hilfeplanverfahren beinhaltet dahingegen die praktische und konkrete Umsetzung des Hilfeplanungsprozesses.[94] Die gesetzlich vorgeschriebene Verpflichtung zur Hilfeplanung findet sich in § 36 SGB VIII. § 36 SGB VIII regelt das Hilfeplanverfahren sowie die Aufgaben- und die Rollenverteilung der an der Hilfe beteiligten Personen. Die fallzuständige Fachkraft im Jugendamt hat im Hilfeplanverfahren die Steuerungsverantwortung.

Durch das Hilfeplanverfahren soll der Hilfebedarf und die hierfür notwendige und geeignete Hilfeform ermittelt werden. Das Hilfeplanverfahren ist zweistufig aufgebaut.[95] Die erste Stufe des Hilfeplanverfahrens wird in § 36 Abs. 1 SGB VIII dargestellt. Im ersten Schritt muss seitens des Jugendamts geprüft werden, ob die in § 27 SGB VIII beschriebenen Prinzipien für die Hilfegewährung erfüllt sind, sprich, ob eine dem Wohl des Kindes oder des Jugendlichen entsprechende Erziehung nicht gewährleistet ist. Die Eltern und die Kinder sollen über Art und Umfang der Hilfe vom Jugendamt beraten und auf mögliche Folgen für die Entwicklung des Kindes oder des Jugendlichen hingewiesen werden.[96]

---

[92] Vgl. Beck: Sozialgesetzbuch, 2015, § 27 Abs. 1 Satz 1 SGB VIII
[93] Vgl. Bundesarbeitsgemeinschaft Landesjugendämter, 2015, S.11
[94] Vgl. ebd.
[95] Vgl. JUNG, 2008, S.331
[96] Vgl. Beck: Sozialgesetzbuch, 2015, § 36 Abs. 1 SGB VIII

Die zweite Stufe des Hilfeplanverfahrens ist in § 36 Abs. 2 SGB VIII geregelt. In der zweiten Stufe der Hilfeplanung soll eine Entscheidung über die Art und den Umfang der Hilfe zusammen mit der Familie getroffen werden. Die Eltern bzw. die Personensorgeberechtigen treffen aufgrund ihres Elternrechts die Entscheidungen über alle Angelegenheiten, die ihr Kind betreffen und somit auch über die Annahme und die Ausgestaltung der Hilfe.[97] Gemäß § 36 Abs.1 SGB VIII ist der Wahl und den Wünschen der Familie zu entsprechen, sofern sie nicht mit unverhältnismäßigen Mehrkosten verbunden sind. Je intensiver die Familie in die Hilfeplanung eingebunden wird und je mehr sich die Ausgestaltung und der Umfang der Hilfe an die Bedürfnisse und Interessen der Familie anpassen, desto eher können installierte Hilfen zu positiven Lebensbedingungen in der Familie beitragen und die Selbstkräfte in der Familie stärken.

Im Zuge des Hilfeplanverfahrens wird ein Hilfeplan zusammen mit den Eltern und den Kindern erstellt. Der Hilfeplan ist eine Zusammenfassung der zu gewährenden Art der Hilfe, der notwendigen Leistungen sowie der Feststellung über den erzieherischen Bedarf.[98] Der Hilfeplan beinhaltet die Zeit- und Zielplanung, sprich wie lange die Hilfe voraussichtlich gewährt werden soll und welche Ziele durch die Hilfe erreicht werden sollen. Er benennt die Verantwortlichkeiten und die jeweiligen Aufgaben der an der Hilfeplanung beteiligten Personen.[99]

3.3.3.3. Die Mitwirkung des Jugendamts in familiengerichtlichen Verfahren bei Kindeswohlgefährdung

Ist zu erwarten, dass die Eltern bzw. die Erziehungsberechtigten nicht für die Inanspruchnahme der Unterstützungsmaßnahmen gewonnen werden können und bleibt das Gefährdungsrisiko für das Kind weiterhin durch das elterliche Verhalten bestehen, müssen durch das Jugendamt weitergehende Schutzmaßnahmen für das Kind getroffen werden. Denn bei Vorliegen einer Kindeswohlgefährdung ist das Jugendamt berechtigt und verpflichtet, zum Wohle des Kindes zu handeln und unter Umständen das Elternrecht zurückzudrängen.[100]

---

[97]Vgl. Bundesarbeitsgemeinschaft Landesjugendämter, 2015, S.17
[98] Vgl. Beck: Sozialgesetzbuch, 2015, § 36 Abs.2 SGB VIII
[99] Vgl. JUNG, 2008, S.332
[100] Vgl. PINKVOSS, 2009, S. 38

In diesen Fällen hat das Jugendamt das Familiengericht gemäß §8a Abs. 2 Satz 1 SGBVIII anzurufen.[101] Vor der Anrufung des Familiengerichts muss jedoch sichergestellt werden, dass die Eltern für die Gewährung geeigneter Unterstützungsmaßnahmen nicht doch noch gewonnen werden können. Eine Anrufung des Familiengerichts ist auch dann möglich, wenn gewichtige Anhaltspunkte für eine mögliche Kindeswohlgefährdung vorliegen, das Jugendamt aber keine Risikoeinschätzung durchführen kann, weil die Eltern aus unterschiedlichen Gründen nicht in der Lage sind, bei der Risikoeinschätzung zu kooperieren.[102] Das Jugendamt hat die Aufgabe, das familiengerichtliche Verfahren zum Schutz des Kindes einzuleiten und die vom Gericht den Sorgeberechtigten auferlegten Maßnahmen zum Schutz des Kindes umzusetzen. Das Jugendamt ist hierbei auf die Zusammenarbeit mit dem Familiengericht angewiesen, da das Jugendamt ohne die Intervention des Gerichts seinen Schutzauftrag nicht umsetzen kann.[103] Andererseits kann das Familiengericht das Jugendamt nicht anweisen, konkrete, mit Kosten verbundene Maßnahmen einzurichten.

Nachdem das Jugendamt das Familiengericht angerufen hat, soll dieses in Verfahren nach den §§ 1666 und 1666a BGB mit den Eltern und in geeigneten Fällen auch mit dem Kind erörtern, wie einer möglichen Gefährdung des Kindeswohls, insbesondere durch öffentliche Hilfen, begegnet werden und welche Folgen die Nichtannahme notwendiger Hilfen durch das Jugendamt haben kann.[104] Bei diesem Erörterungsgespräch bei Gericht soll neben den Eltern auch die fallzuständige Fachkraft des Jugendamts teilnehmen, um dem Familiengericht und den Eltern erneut die Notlage und die Notwendigkeit geeigneter Unterstützungsmaßnahmen in der Familie zu verdeutlichen und auf die Eltern einzuwirken, die Hilfen zum Schutz ihres Kindes doch noch in Anspruch zu nehmen. Denn Maßnahmen, mit denen eine Trennung des Kindes von den Eltern verbunden ist, sind gemäß § 1666a BGB nur zulässig, wenn die Gefahr nicht auf andere Weise, beispielsweise durch Hilfen zur Erziehung, abgewandt werden kann.[105]

---

[101] Vgl. Beck: Sozialgesetzbuch, 2015, § 8a Abs. 2 Satz 1 SGB VIII
[102] Vgl. Institut für Sozialarbeit und Sozialpädagogik e.V. , 2012, S. 32
[103] Vgl. DEEGENER/KÖRNER, 2005, S. 297
[104] Vgl. HAUßLEITER, 2011, § 157 Abs. 1 FamFG
[105] Vgl. Beck. Bürgerliches Gesetzbuch, 2009. § 1666 a Abs. 1 Satz 1 BGB,

Das Familiengericht kann den Eltern in den Erörterungsgesprächen die Auflage erteilen, die Beratung oder die Unterstützung seitens des Jugendamts in Anspruch zu nehmen. Hierdurch entsteht eine Art Zwangskontext, bei dem die Freiwilligkeit der Inanspruchnahme der Hilfeleistung durch die Auflage des Familiengerichts einschränkt wird. In § 1666 Abs. 3 BGB werden verschiedene gerichtliche Maßnahmen differenziert aufgelistet. Die differenzierte Auflistung soll aufzeigen, dass neben dem Entzug der elterlichen Sorge weitere unterstützende Maßnahmen dazu beitragen können, den Schutz des Kindes zu gewährleisten.[106] Die Gerichte können in diesem Zusammenhang die Eltern bzw. die Personensorgeberechtigten dazu verpflichten, mit dem Jugendamt zu kooperieren und die vom Jugendamt vorgeschlagenen Hilfen zur Erziehung in Anspruch zu nehmen.[107] Die Trennung des Kindes von seinen Eltern ist nur als äußerstes Mittel und unter bestimmten Voraussetzungen zulässig und stellt den weitreichendsten Eingriff in das Elternrecht dar. Gemäß Art. 6 Abs. 3 GG heißt es, dass Kinder gegen den Willen ihrer Eltern nur auf Grund eines Gesetzes von der Familie getrennt und fremduntergebracht werden dürfen, wenn die Eltern versagen oder wenn die Kinder aus anderen Gründen zu verwahrlosen drohen. Diese gravierende Gefährdungsschwelle ist laut dem Bundesgerichtshof dann erreicht, wenn sich eine erhebliche Schädigung der Entwicklung des Kindes durch das Verhalten der Eltern mit ziemlicher Sicherheit voraussehen lässt[108] und alle Unterstützungsmaßnahmen durch das Jugendamt entweder abgelehnt wurden oder nicht greifen konnten. Ist diese Gefährdungsschwelle erreicht, ist das Familiengericht verpflichtet, die positive Entwicklung des Kindes durch eine Trennung von den Eltern sicherzustellen.

3.3.3.4. Inobhutnahme nach § 42 SGB VIII bei dringender Gefahr für das Kindeswohl

Neben der Anrufung des Familiengerichts stehen den Jugendämtern auch Inobhutnahmen nach § 42 SGB VIII zur Verfügung, um ihren Schutzauftrag wahrzunehmen. Bei einer Inobhutnahme handelt es sich um eine vorübergehende, nicht dauerhafte Unterbringung eines Kindes oder eines Jugendlichen außerhalb des familiären Elternhauses.[109]

---

[106] Vgl. Beck. Bürgerliches Gesetzbuch, 2009. § 1666 a Abs.3 BGB

[107] Vgl. ebd.

[108] Vgl.: Bundesgerichtshof. Rechtsprechung des Bundesgerichtshofs. Unter: http://www.rechtsfragen-jugendarbeit.de/kindeswohlgefaehrdung-ueberblick.htm, Stand: 12.05.201

[109] Vgl. WABNITZ, 2009, S. 107

Das Kind oder der Jugendliche wird hierbei vom Jugendamt laut § 42 Abs. 2 SGB VIII vorläufig bei einer geeigneten Person, in einer geeigneten Einrichtung oder in einer sonstigen Wohnform untergebracht, bis weitere Hilfemaßnahmen getroffen wurden. Gemäß § 42 Abs. 1 Nr. 1 und 2 SGB VIII hat das Jugendamt Kinder und Jugendliche in Obhut zu nehmen, wenn diese um eine Inobhutnahme bitten oder wenn eine dringende und erhebliche Gefahr für das Wohl des Kindes oder des Jugendlichen besteht und diese nicht durch andere Maßnahmen abgewandt werden kann und eine Entscheidung des Familiengerichts aufgrund der Krisensituation nicht abgewartet werden kann. Es handelt sich nach abgeschlossener Risikoeinschätzung durch die Fachkräfte des Jugendamts um eine dringende und erhebliche Gefahr für das Wohl des Kindes, wenn gemäß 1666 BGB das körperliche, geistige oder seelische Wohl des Kindes oder sein Vermögen unmittelbar gefährdet ist und die Eltern nicht gewillt oder nicht in der Lage sind, die Gefahr abzuwenden.

Das Jugendamt ist durch seinen Schutzauftrag befugt, ein Kind auch dann in Obhut zu nehmen, wenn die Eltern der Inobhutnahme nicht zustimmen, diese aber aufgrund der dringenden und erheblichen Gefahr für das Wohl des Kindes vom Jugendamt erforderlich ist und auf einen richterlichen Beschluss nicht gewartet werden kann. Das Jugendamt verletzt durch die Inobhutnahme nicht das staatlich geschützte Elternrecht, da das Jugendamt nicht aus Willkür, sondern zum Schutz des Kindes handelt und die Eltern gesetzlich zum Wohle ihres Kindes handeln sollen. Auch wenn die Eltern der Inobhutnahme nicht zustimmen, ist das Jugendamt nicht berechtigt selbst unmittelbaren Zwang auszuüben, sondern es muss hierfür die Hilfe der Polizei oder ähnlicher Institutionen in Anspruch nehmen. Gemäß § 42 Abs. 2 SGB VIII muss dem Kind oder dem Jugendlichen unmittelbar mit der Inobhutnahme die Gelegenheit gegeben werden, eine Person seines Vertrauens zu benachrichtigen. Das Jugendamt muss zusammen mit dem Kind oder dem Jugendlichen die Situation, weshalb es zur Inobhutnahme gekommen ist, klären und dem Kind oder dem Jugendlichen Möglichkeiten der Hilfe und Unterstützung aufzuzeigen.[110] Ebenfalls müssen unverzüglich die Eltern bzw. die Personensorgeberechtigten von der Inobhutnahme aufgrund des Elternrechts unterrichtet werden.

---

[110] Vgl. Beck Sozialgesetzbuch, 2015. § 42 Abs. 2 SGB VIII

Wenn die Eltern nach einer erfolgten Inobhutnahme nicht für die Inanspruchnahme der Unterstützungsmaßnahmen gewonnen werden können und das Gefährdungsrisiko für das Kind weiterhin aufrechterhalten bleibt, hat das Jugendamt unverzüglich das Familiengericht anzurufen. Kurz darauf werden in einem gemeinsamen Erörterungsgespräch bei Gericht zwischen dem Jugendamt, dem Gericht und den Eltern Maßnahmen zum Schutz des Kindes getroffen. Wenn die Eltern die Unterstützung seitens des Jugendamts jedoch annehmen oder das Gefährdungsrisiko für das Kind eigenständig beseitigen können, endet die Inobhutnahme mit der Herausgabe des Kindes bzw. der Rückführung des Kindes zu den Eltern.

4. Problemfelder und Hindernisse bei der Ausübung des Schutzauftrages

Die öffentliche Jugendhilfe hat die gesetzliche Aufgabe, über die Pflege und Erziehung der Kinder durch die Eltern zu wachen und Kinder und Jugendliche vor Gefahren für ihr Wohl zu schützen. Die konkrete Umsetzung dieser Verpflichtung ist in der Alltagspraxis oftmals mit Schwierigkeiten verbunden. Nachfolgend soll aufgezeigt werden, welche Hindernisse und Problemfelder sich bei der Umsetzung der rechtlichen Rahmenbedingungen in der Alltagspraxis ergeben können. Nicht alle Problemfelder lassen sich hierbei jedoch gänzlich voneinander trennen, sondern überschneiden sich an gewissen Eckpunkten.

4.1. Begünstigende Faktoren für unzureichendes Schutzhandeln auf der Ebene der Fachkräfte

Bei der Ausübung des Schutzesauftrages gegenüber Kindern und Jugendlichen wird dem individuellen Verhalten und den fachlichen Qualifikationen und Kompetenzen der einzelnen sozialpädagogischen Fachkräfte in den Jugendämtern eine große Bedeutung zugeschrieben. Um Kinder adäquat vor Gefahren für ihr Wohl zu schützen, ist es notwendig, dass die Fachkräfte der öffentlichen Jugendhilfe einzelne Situationen einer möglichen oder tatsächlichen Kindeswohlgefährdung erkennen und auf diese kompetent und angemessen, durch unterschiedliche Interventionsschritte, reagieren. Gerade in Fällen, in denen Kinder durch Kindesmisshandlung ums Leben gekommen sind und das Jugendamt vor dem Tod des Kindes mit der Familie in Kontakt stand, richtet sich die öffentliche Aufmerksamkeit und die fachliche Analyse des Fallverlaufes zuallererst auf das individuelle Handeln und die fachlichen Qualifikationen und Kompetenzen des fallzuständigen Mitarbeiters.[111]

---

[111] Vgl. Institut für Sozialarbeit und Sozialpädagogik e.V. , 2012, S.103

4.1.1. Unzureichende fachliche Qualifikationen und Kompetenz

Das Kinder- und Jugendhilfegesetz regelt in § 72 SGB VIII die Grundsätze der Qualifikationen der Fachkräfte der öffentlichen Jugendhilfe. So sollen in der öffentlichen Jugendhilfe nur Personen beschäftigt sein, die sich für die jeweilige Aufgabe ihrer Persönlichkeit nach eignen und eine dieser Aufgabe entsprechende Ausbildung erhalten haben oder auf Grund besonderer Erfahrungen in der Sozialen Arbeit in der Lage sind, diese Aufgaben zu erfüllen.[112] Der Gesetzgeber schreibt also vor, dass im Jugendamt in erster Linie Fachkräfte arbeiten sollen, die die Voraussetzungen

1. der persönlichen Eignung und

2. der fachlichen Ausbildung,

erfüllen, die den jeweiligen Aufgaben im Jugendamt entsprechen müssen. Der unbestimmte Rechtsbegriff „persönliche Eignung" wird durch das Gesetz nicht näher erläutert und eröffnet dadurch einen Beurteilungsspielraum für die persönlichen Qualifikationen und Kompetenzen der Mitarbeiter. Auch auf das Spektrum der in Frage kommenden Berufsausbildungen der Fachkräfte der öffentlichen Jugendhilfe wird im SGB VIII nicht näher eingegangen. § 72a Absatz 1 Satz 1 SGB VIII schränkt den in § 72 Abs. 1 Satz 1 SGB VIII erwähnten Personenkreis ein, in dem Personen von der Tätigkeit im Jugendamt ausgeschlossen werden, die aufgrund einer bestimmten Straftat verurteilt wurden.[113] An dieser Stelle soll das staatliche Wächteramt und der daraus abgeleitete Schutzauftrag der Kinder- und Jugendhilfe hervorgehoben werden, in dem Personen mit bestimmten Vorstrafen zur Übernahme von Aufgaben in der Kinder- und Jugendhilfe als ungeeignet aufgefasst werden.

Bei einer genauen Betrachtung der im SGB VIII betätigten Vorgaben über die Qualifikationen der Fachkräfte der öffentlichen Jugendhilfe wird ersichtlich, dass der Gesetzgeber keine expliziten Voraussetzungen an die unterschiedlichen Kompetenzen der Mitarbeiter stellt, die diese im Kinderschutz aufweisen sollen bzw. müssen. Die geeigneten Voraussetzungen und Kompetenzen der neuen Mitarbeiter für die Anstellung im Jugendamt werden erst in einem persönlichen Bewerbungsgespräch in Erfahrung gebracht.

---

[112] Vgl. Beck: Sozialgesetzbuch, 2015, § 72 Abs. 1 SGB VIII
[113] Vgl. Beck: Sozialgesetzbuch, 2015, § 72 a Abs. 1 SGB VIII

Die Mitarbeiter in der öffentlichen Jugendhilfe müssen über verschiedene Kompetenzen und rechtliche Kenntnisse verfügen, um den Schutz von Kindern und Jugendlichen zu gewährleisten. So müssen sie in der Lage sein, Entscheidungen über den Einsatz von kurzfristigen Interventionen zum Schutz von Kindern und Jugendlichen „zu treffen oder die Bereitstellung erforderlicher langfristiger Hilfsangebote im Einzelfall zu gewährleisten."[114]

Die hohe Fluktuationsrate der Fachkräfte der öffentlichen Jugendhilfe macht jedoch ersichtlich, dass viele mit der starken emotionalen Belastung, den Unsicherheiten im Fallverlauf, der hohen Arbeitsbelastung sowie dem Verantwortungsdruck, die der Schutzauftrag fordert, nicht adäquat umgehen können. Denn vor allem in sich zuspitzenden und überraschenden Krisensituationen müssen die Fachkräfte auf ihre Handlungsroutinen- und Handlungskompetenzen zurückgreifen, um sich vor einer Überforderung und Überanstrengung zu schützen.[115] Vor allem neue Mitarbeiter aus anderen Arbeitsbereichen der Sozialen Arbeit oder Hochschulabsolventen müssen erst kontinuierlich in das Tätigkeitsfeld des Jugendamts eingearbeitet werden und verfügen noch nicht von Anfang an über die notwendigen Qualifikationen, die sie zur Erkennung, Intervention und zur Vermeidung von Kindeswohlgefährdungen benötigen. Die unzureichenden Qualifikationen der Fachkräfte können sich auch auf den Hilfeverlauf auswirken, vor allem dann, wenn es an geeigneten Interventionsformen in Form von passenden Hilfen zur Erziehung mangelt oder ungeeignete Hilfeformen scheitern. Aufgrund dieser Umstände schreibt §72 Abs. 3 SGB VIII vor, dass die Träger der öffentlichen Jugendhilfe dazu verpflichtet sind, den Mitarbeitern des Jugendamts Fortbildungen und Praxisberatungen zu ermöglichen.[116] Ziel des § 72 Abs. 3 SGB VIII müsste also sein, Fortbildungen zu den unterschiedlichen Aspekten und Vorgehensweisen bei der Risikoeinschätzung bei Kindeswohlgefährdung anzubieten, mit denen unzureichende Qualifikationen bei den Fachkräfte in den Jugendämter kompensiert werden können. Bezogen auf die Vernachlässigung von Kindern und Jugendlichen fehle es in Deutschland laut Heinz Kindler jedoch an wissenschaftlich fundierten Handlungsleitlinien im Umgang mit Vernachlässigung und an Experten, die sich in Fortbildungen auf die Erkennung und den Umgang mit der Vernachlässigung von Kindern spezialisiert haben.

---

[114] Bundesarbeitsgemeinschaft der Landesjugendämter, 2005, S.10
[115] Vgl. Institut für Sozialarbeit und Sozialpädagogik e.V. , 2012, S.98
[116] Vgl. Beck: Sozialgesetzbuch, 2015, § 72 Abs.3 SGB VIII

Dabei ist die Vernachlässigung die häufigste Form der Gefährdung von Kindern und im Vergleich zur körperlichen Misshandlung und sexuellen Gewalt am schwierigsten zu erkennen. Im Vergleich dazu gäbe es in Deutschland viele Spezialisten, die den Fachkräften der Jugendämter in Fortbildungen erklären könnten, wie man erkennt, ob ein Kind körperlicher Gewalt ausgesetzt ist oder sexuell missbraucht wird.[117] Gerade aufgrund der nur spärlich vorhandenen Fortbildungsangebote zur Erkennung und zum Umgang mit Vernachlässigung ist die Erstellung einer effektiven und effizienten Risikoeinschätzung in diesem Bereich mit Schwierigkeiten verbunden und die Fachkräfte des ASD können ihren Schutzauftrag nicht im erforderlichen Maß umsetzen.

Neben den für die Kinderschutzarbeit notwendigen Qualifikationen und Kompetenzen der Fachkräfte, ist die so genannte emotionale Intelligenz ein weiterer wichtiger Faktor im Kinderschutz. Die emotionale Intelligenz beschreibt die Fähigkeit, seine eigenen Gefühle und die von anderen Personen zutreffend wahrzunehmen, zu begreifen und dementsprechend darauf zu reagieren und diese zu beeinflussen. Vor allem die Fachkräfte in den Jugendämtern müssen in der Lage sein, mit hoch kritischen und emotional belastenden Situationen adäquat umzugehen und sich nicht zu sehr von ihren eigenen Gefühlen leiten und beeinflussen zu lassen. Gelingt es den Fachkräften nicht, mit den emotionalen Belastungen, vor allem, wenn sie mit Kindesmisshandlung konfrontiert werden, umzugehen, kann dies den Fallverlauf negativ beeinflussen und angebrachte Interventionsschritte können unter Umständen nicht eingeleitet werden. Überlastung, Überforderung, emotionalen Erschöpfung oder die Distanzierung können als Folge hieraus resultieren.[118]

Die Fachkräfte des Jugendamts sind ständig mit Risiken bzw. risikobehafteten Situationen konfrontiert und bewerten die „Wahrscheinlichkeit des Eintretens eines positiven bzw. vor allem negativen"[119] Fallverlaufes. Bei der Einschätzung und Bewertung von Situationen, in denen Kindeswohlgefährdungen auftreten können, können sich die Fachkräfte der Jugendämter - aufgrund fehlender aussagekräftiger Forschungsbefunde - kaum auf empirische Daten zur Wahrscheinlichkeit des Eintretens von Misshandlungen verlassen.

---

[117] Vgl. Die Welt: Darf Eltern auch mal die Hand ausrutschen?. Unter
http://www.welt.de/gesundheit/psychologie/article133981853/Darf-Eltern-auch-mal-die-Hand-ausrutschen.html . Stand: 19.05.2016
[118] Vgl. MUNRO, 03/2009, S. 109
[119] Ebd. S. 23

Laut dem 13. Kinder- und Jugendbericht des Bundesministeriums für Familie, Senioren, Frauen und Jugend ist die Grundverteilungsrate der verschiedenen Formen einer Kindeswohlgefährdung nicht bekannt. So schreibt das Bundesministerium: „Das tatsächliche Ausmaß von Vernachlässigung und Kindesmisshandlung kann [...] nur geschätzt werden, da die wenigen vorliegenden Schätzungen auf älteren nicht hinzureichend aussagekräftigen Forschungsbefunden beruhen und neuere repräsentative und auf der Basis valider Erhebungsinstrumente gewonnene Ergebnisse fehlen."[120] Gemäß § 8a SGB VIII sollen die Fachkräfte des Jugendamts zwar bei gewichtigen Anhaltspunkten das Gefährdungsrisiko einschätzen, jedoch stellt das Kinder- und Jugendhilfegesetz keine Auflistung dieser Anhaltspunkte für die Risiken zur Verfügung. So sind in jedem Neufall von den Fachkräften, häufig unter Zeitdruck aufgrund mehrerer, gleichzeitig laufender Kindeswohlgefährdungen, auf Basis der eingegangen Informationen Risikoeinschätzungen vorzunehmen. Hierbei können die Fachkräfte nicht auf empirische Befunde zur Unterstützung der Einschätzung zurückgreifen, was eine Risikoanalyse erschweren kann.[121]

4.1.2. Abhandenkommen des fachlichen Überblicks durch personelle Engpässe

Für die Handlungsfähigkeit der öffentlichen Jugendhilfe im Kinderschutz ist neben dem individuellen Handeln und der Qualifizierung der Fachkräfte auch der Faktor Personal ein entscheidendes Qualitätsmerkmal im Kinderschutz. Die Arbeit im Kinderschutz ist ein Bereich, dessen Erfolg bzw. Misserfolg stark von einer ausreichenden Personalausstattung geprägt ist. Beim Faktor Personal ergeben sich immer wieder Hindernisse bei der Ausübung des Schutzauftrages aufgrund der mangelnden Personalausstattung im ASD. Wenn den oft überforderten Eltern auch noch überforderte Fachkräfte des Jugendamts aufgrund zu hoher Fallzahlen gegenüberstehen, kann die Zusammenarbeit zwischen dem Jugendamt und den Familien kaum gelingen. So schreibt § 79 Absatz 3 SGB VIII vor, dass die Träger der öffentlichen Jugendhilfe für eine ausreichende Ausstattung der Jugendämter und der Landesjugendämter verantwortlich sind. Hierzu gehört auch eine dem Bedarf entsprechende Zahl von Fachkräften.[122]

---

[120] Bundesministerium für Familie, 2009, S. 89
[121] Vgl. WOLFF/ BIESEL, 2014, S. 24
[122] Vgl. Beck: Sozialgesetzbuch, 2015, § 79 Abs. 3 SGB VIII

Die einzelnen Landkreise und freien Städte bestimmen eigenverantwortlich – im Zusammenhang mit ihrer derzeitigen Haushaltssituation - über die Personalausstattung in ihren Jugendämtern. Dies führt in vielen Landkreisen und Städten oftmals zu einer personellen Unterbesetzung in den einzelnen Jugendämtern, was dazu führt, dass mehr Fälle auf weniger Personal verteilt wird und den Mitarbeiter weniger zeitliche Kapazitäten für die Bearbeitung ihrer Fälle zur Verfügung stehen.[123] Personalengpässe können sich als Folge von knappen Personalschlüsseln, unbesetzten Stellen oder Abwesenheiten der vorhandenen Mitarbeiter ergeben. Eingehende oder bereits laufende Fälle werden auf weniger Fachkräfte verteilt. Als Folge hiervon kann passieren, dass gefährdete Kinder und deren Familien keine rechtzeitige oder keine bedarfsgerechte Beratung, Hilfe und Unterstützung erhalten, da die Fachkräfte zwischen einzelnen Fällen priorisieren müssen.

§ 8a SGB VIII schreibt zwar vor, wie die Fachkräfte des Jugendamts beim Eingang einer Kindeswohlgefährdungsmeldung grundsätzlich vorgehen sollen, jedoch liefert dieser Paragraph keine verbindlichen Vorgaben für eine genaue Umsetzung der einzelnen Verfahrensschritte. Ebenfalls gibt der Paragraph keine Angaben darüber, wie die Fachkräfte zwischen mehreren, gleichzeitig eingehenden Meldungen priorisieren sollen und wie viel Zeit für die einzelnen Aufgaben und Fälle den einzelnen Mitarbeitern zur Verfügung steht.[124] Die zeitliche Einteilung der Fallbearbeitung und die genaue Vorgehensweise bei einer Kindeswohlgefährdung liegen im Ermessen jedes einzelnen Mitarbeiters.

Die Fachkräfte des ASD können oftmals aufgrund der hohen Fallzahlen und der vorhandenen zeitlichen Kapazitäten nur in beschränktem Maße verschiedene Themen gleichzeitig mit den Familien thematisieren. Durch Überforderungssituationen und vorgenommenen Priorisierungen, in Zeiten von Personalengpässen, können sich fachliche Defizite ergeben, die zu gravierenden Fehlentwicklungen im Fallverlauf führen können. Wichtige eingehende Informationen, die eine neue Sichtweise auf den Fallverlauf werfen und das bisherige Urteil und die bisherigen Vorgehensweise in Frage stellen, werden zu wenig Beachtung geschenkt.[125] Heinz Kindler spricht hierbei von einem so genannten *Bestätigungsfehler.*

---

[123] Vgl. Verein für Kommunalwissenschaften e.V, 2008, S. 6
[124] Vgl. ebd
[125] Vgl. MUNRO, 03/2009, S.110

Bei einem Bestätigungsfehler handelt es sich um eine Tendenz von Fachkräften und Teams, an einmal getroffenen Einschätzungen und Maßnahmen festzuhalten, selbst wenn sich die Ausgangssituation durch neu eingegangene Informationen ändert oder die bisher eingeleiteten Maßnahmen in ihrer Effektivität zweifelhaft werden.[126] Die Tendenz, eine Situationseinschätzung im benötigen Fall nicht an die laufenden Informationen anzupassen, kann nachhaltige Auswirkungen auf den späteren Fallverlauf und auf die als angemessen bewerteten Interventionsmaßnahmen haben.

4.1.3. Fehlerhafte oder unzureichende Anwendung der Schutzinstrumentarien

Um Fehler in der Handlungs- und Denkweise der Fachkräfte bei der Risikoeinschätzung vorzubeugen bzw. um die Risikoeinschätzungen zu verbessern, wurden eine Reihe von Instrumenten zur Unterstützung bei der Risikoeinschätzung und zur besseren Informationsverarbeitung in Form von standardisierten Einschätzungsbögen und Checklisten eingeführt. Zweck dieser Instrumente ist die Senkung der Fehlerquote bei der Fallbearbeitung, in dem das Handeln der Fachkräfte mit Hilfe der Instrumente geleitet und objektiviert werden soll.[127] Instrumente zur Risikoeinschätzung sichern jedoch nicht automatisch und zwangsläufig die Qualität der Einschätzung. Vor allem dann nicht, wenn sich die Fachkräfte vor der Nutzung der Einschätzungsbögen oder der Checklisten schon eine eigene Meinung zum Fall gebildet haben und die Instrumente eher als bürokratischen Aufwand ansehen. Ebenfalls liefern Instrumente zur Risikoeinschätzung keine expliziten Handlungsanweisungen bzw. Handlungshinweise, wie im konkreten Einzelfall bei einer Kindeswohlgefährdung vorgegangen werden soll. Die Instrumente zur Risikoeinschätzung können zudem nur wenig zur Steigerung der Qualität der Einschätzung beitragen, wenn die Fachkräfte im Umgang mit Risikoeinschätzungen zu wenig sensibilisiert und geschult sind und ihnen keine Einschätzungshilfen bei der Bewertung zur Verfügung gestellt werden.[128] Darüber hinaus unterscheiden sich die individuellen Fälle von Kindeswohlgefährdung in ihrem Verlauf und ihren Auswirkungen voneinander, werden aber alle in einem einheitlichen Einschätzungsbogen dokumentiert und ausgewertet. Die Fachkräfte müssen die Arbeitshilfen zur Risikoeinschätzung auf den individuellen Fall übertragen und zu einer individuellen Bewertung kommen.

---

[126] Vgl. KINDLER/LILLIG/GERBER, 2016, S.16
[127] Vgl. MUNRO, 03/2009, S. 111
[128] Vgl. KINDLER/LILLIG/GERBER, 2016, S.16

Da in vielen Familien jedoch mehrere Problemfelder anzutreffen sind und es schwierig ist, durch eine ausschlaggebende Tatsache eine Kindeswohlgefährdung eindeutig festzustellen, ist die Situation in einer Familie trotz vorhandener Instrumente zur Unterstützung vielfach bewertbar [129] und daher nur auf fachlicher, rechtlicher und ethischer Grundlage zu bewerten.

Wenn familiäre Verhältnisse und deren Problemlagen bewertet werden müssen und hierbei objektiv prüfbare und verallgemeinernde Maßstäbe zur Bewertung der familiären Lebenslagen fehlen, dann ist es laut Reinbold Schone notwendig „solche Bewertungen nicht einzelnen Personen (Fachkräften) zu überlassen, die ihre je eigenen Maßstäbe anlegen, sondern dann ist Kommunikation und Kooperation gefordert."[130] So schreibt auch Prof. Dr. Christian Schrapper, dass die Formen kollegialer Beratung die einzige Möglichkeit ist, Fehler in der Einschätzung aufzudecken oder zu verhindern.[131] Die Notwendigkeit kollegialer Beratung zur Risikoeinschätzung findet sich auch in den gesetzlichen Bestimmungen im SGB VIII wieder. So schreibt das Gesetz bei gewichtigen Anhaltspunkten vor, dass die fallzuständige Fachkraft das Gefährdungsrisiko im Zusammenwirken mehrerer Fachkräfte einschätzen muss.[132] Jeder Mitarbeiter im Jugendamt verfügt über eigene fachliche und berufliche Kenntnisse, Fähigkeiten und Fertigkeiten. Eine Risikoeinschätzung im Zusammenwirken mehrerer Fachkräfte kann nur dann effektiv und effizient sein, wenn all diese unterschiedlichen Fähigkeiten, Ratschläge und Meinungen eingebracht und genutzt werden können. Um die Qualität des Schutzhandelns zu erhöhen, sollte in den Fallbesprechungen genügend Raum für eine vertiefende Bearbeitung und Auseinandersetzung mit den unterschiedlichen Anhaltspunkten und eingegangenen Informationen des Falles vorhanden sein und „konstruktiv- kritische Nachfragen"[133] seitens des Teams von der fallzuständigen Fachkraft und auch von den anderen Teammitgliedern geschätzt und ernst genommen werden.

---

[129] Vgl. LÜTTRINGHAUS/ STREICH, In: Fachzeitschrift Evangelische Jugendhilfe, 03/2008, S.
[130] Verein für Kommunalwissenschaften e.V, 1999, S.31
[131] SCHRAPPER, 1999, S.19-21
[132] Vgl. Beck. Sozialgesetzbuch, 2015. § 8a Abs. 1 Satz 1 SGB VIII
[133] KINDLER/LILLIG/GERBER, 2016, S.18

Problematisch wird es, wenn sich die Fachkräfte untereinander selbst bei unzureichenden Einschätzungen und bei widersprüchlichen und fragwürdigen Interventionsmaßnahmen gegenseitig bestärken und nicht konstruktiv-kritisch die geplanten Handlungsschritte und Interventionen hinterfragen und ihre Befürchtungen und Bedenken zum Fall und zum Fallverlauf nicht äußern.[134]

4.2. Begünstigende Faktoren für unzureichendes Schutzhandeln auf der Ebene der Organisationseinheit

Nicht grundsätzlich sind ausschließlich das individuelle Verhalten und die fachlichen Qualifikationen und Kompetenzen der Fachkräfte in den Jugendämtern für einen effektiven Kinderschutz oder für katastrophale Fallverläufe verantwortlich. Die organisatorischen Rahmenbedingungen des Jugendamts können sich auf die Denk- und Handlungsweisen der Mitarbeiter auswirken und beeinflussen den Fallverlauf nachhaltig. Denn die Fachkräfte im Jugendamt agieren nicht nur als Individuum, sondern auch als Teil einer Organisation, als deren Mitglied sie eingebunden sind.[135]

Prof. Dr. Eileen Munro ist Professorin für Sozialpolitik an der London School of Economics in England und hat Jahre lang als Sozialarbeiterin gearbeitet, bevor ihren Forschungsschwerpunkt als Wissenschaftlerin auf den Bereich der Risikoeinschätzung bei Kindeswohlgefährdung gelegt hat. Den Schwerpunkt ihrer wissenschaftlichen Untersuchungen legte sie hierbei unter anderem auf die Auswirkungen, die organisatorische Rahmenbedingungen, in diesem Fall die organisatorischen Rahmenbedingungen des Jugendamts, auf die Denk- und Handlungsweisen der Fachkräfte des ASD haben.[136] So beschreibt Munro in einem Artikel, dass katastrophale Fallverläufe im Kinderschutz nur selten auf einzelne entscheidende Fehler einer Fachkraft zurückzuführen sind, sondern oftmals das Resultat einer Organisation sind, die mit „kleinen, chronischen Fehlern und Unterlassungen arbeitet."[137] Die organisatorischen Rahmenbedingungen müssen zwar nicht immer Konsequenzen mit sich führen, können aber aufgrund ungünstiger Verkettungen mehrerer organisatorischer Schwachstellen zu katastrophalen Fallverläufen führen.

---

[134] Vgl. KINDLER/LILLIG/GERBER, 2016, S.18
[135] Institut für Sozialarbeit und Sozialpädagogik e.V., 2012, S.104
[136] Vgl. Workshopergebnisse des Nationalen Zentrums Frühe Hilfen, 2010, S. 6
[137] MUNRO, 03/2009, S. 107

Laut Munro wäre es grundsätzlich nicht die Lösung, die Fachkraft alleinig für fehlgeschlagene Fallverläufe verantwortlich zu machen, sondern auch die organisatorischen Rahmenbedingungen in das Blickfeld der Analyse zu nehmen.[138] Viele wissenschaftliche Untersuchungen von gescheiterten Kinderschutzfällen konzentrierten sich auf die Fehler im fachlichen Handeln der Fachkräfte und ließen die organisatorischen Rahmenbedingungen, die das individuelle Handeln der einzelnen Fachkräfte beeinflussen können, oftmals außer Acht. Um Fehler in einem System erfassen, verstehen und auch beheben zu wollen, muss sie laut Heinz Kindler auch wahrnehmen und bereit sein, sie genau zu betrachten.[139] Es müssen Hindernisse in allen Bereichen betrachtet werden, nicht nur im Handeln der einzelnen Fachkräfte.

4.2.1. Mangelnde oder fehlerbehaftete formale Strukturen in der Organisation

Die Struktur der Organisation im ASD beeinflusst in hohem Maße die Arbeit der Fachkräfte im Jugendamt, da die Bedingungen der Organisationskultur durch ihre Anforderungen, Normen, Abläufe und Strukturierungen das individuelle Verhalten und die Einstellungen der Fachkräfte maßgeblich prägen. Andererseits nehmen auch die einzelnen Fachkräfte, durch ihr Handeln und ihre Einstellungen, Einfluss auf die Organisationskultur. Gut durchdachte und sinnvoll strukturierte Organisationsformen im ASD mit klaren Abläufen sind die Voraussetzung, um dem komplexen Aufgabenspektrum und den Anforderungen im Jugendamt unter den Ansprüchen des Kinder- und Jugendhilfegesetzes gerecht zu werden.[140] Schwierigkeiten tauchen in der Kinderschutzarbeit auf, wenn es in der Organisationskultur an verbindlichen Strukturen fehlt. Finden beispielsweise die gesetzlich vorgeschriebenen kollegialen Beratungen - besonders in kritischen und unsicheren Fällen von Kindeswohlgefährdung – nur sporadisch statt oder ist die Qualität der kollegialen Beratung aufgrund fehlender Strukturen bei der Teamberatung nicht ausreichend, wird die Fallverantwortung von der fallzuständigen Fachkraft nicht, wie gesetzlich in §8a SGB VIII gefordert, professionell wahrgenommen. Ein fachlich adäquater Kinderschutz kann in diesem Falle kaum umgesetzt werden.

---

[138] Vgl. ebd
[139] Die Welt: Darf Eltern auch mal die Hand ausrutschen?. Unter http://www.welt.de/gesundheit/psychologie/article133981853/Darf-Eltern-auch-mal-die-Hand-ausrutschen.html . Stand: 23.05.2016
[140] Vgl. Verein für Kommunalwissenschaften e.V, 1999, S.46

Die Leitungsebene trägt die Prozessverantwortung für die Einhaltung von Standards, Verfahren und Strukturen durch die Fachkräfte im ASD. Die Leitungsebene hat in diesem Zusammenhang auch für die Einhaltung professioneller Teamberatung im ASD Sorge zu tragen und ist dafür verantwortlich, dass kollegiale Beratungen „auch tatsächlich auf einem guten Niveau stattfinden".[141] Wenn das Team in seinem Schutzhandeln externe Unterstützung und Beratung in Form von Supervision benötigt, dann steht die Leitungsebene in der Verpflichtung, diese externe Unterstützung zur Verfügung zu stellen.[142] Die Prozessverantwortung der Leitung beinhaltet ebenfalls, dass formale Vorgaben und fachliche Handlungsleitlinien für den Umgang mit Kindeswohlgefährdungen von der Leitungsebene, oft in Zusammenarbeit mit den Fachkräften, erarbeitet und deren Einhaltungen von der Leitung überprüft werden. Wenn die Leitungsebene ihrer Prozessverantwortung jedoch nicht im benötigten Maße nachkommt, können die komplexen gesetzlichen Anforderungen an das Jugendamt von den Fachkräften nicht ausreichend wahrgenommen und die Umsetzung eines fachlich adäquaten Kinderschutzes kann erschwert werden.

Laut dem Institut für Sozialarbeit und Sozialpädagogik werden Fachkräfte in vielen Jugendämtern kaum formale Handlungshilfen- und Leitlinien, im Umgang mit möglichen Kindeswohlgefährdungen, zur Verfügung gestellt oder die Umsetzung der Handlungsleitlinien der Organisation wird nur unzureichend von Seiten der Leitung überprüft. So entzieht sich die Leitungsebene im ersten Fall der Verantwortung, Handlungsleitlinien für einen kompetenten Kinderschutz zu erarbeiten und überträgt die Aufgabe der Ausarbeitung eines effizienten Kinderschutzes auf die einzelnen Fachkräfte.[143] Die Organisation vertraut ausschließlich auf die Kompetenzen der Mitarbeiter in der Fallarbeit und stellt keine oder nur sehr sporadisch ausgearbeitete oder allgemeine Instrumente zur Risikoeinschätzung zur Verfügung. Die Leitungsebene hält sich bei der Strukturierung des Schutzhandelns weitgehend zurück.

---

[141] Verein für Kommunalwissenschaften e.V, 1999, S.47
[142] Vgl. ebd.
[143] Vgl. Institut für Sozialarbeit und Sozialpädagogik e.V., 2012, S.110

Bei unsicheren Fällen mit einem hohen Risikogehalt kann sich die Übertragung der alleinigen Handlungsverantwortung auf die Fachkräfte ohne organisatorische Hilfen als problematisch erweisen, da die Fachkräfte sich mit der Bewältigung der Probleme und in der Einschätzung des Risikos alleine gelassen fühlen, was zu einem Risiko für den Schutz der betroffenen Kinder und Jugendlichen führen kann.[144] Im zweiten Fall sind Handlungsleitlinien und Instrumente vorgegeben, jedoch wird ihre Umsetzung nicht von Seiten der Organisation überprüft. Dies kann zu individuellen Handlungs- und Denkfehlern bei den Fachkräften führen, da diese die Schutzinstrumentarien nicht oder zu wenig in Anspruch nehmen und sich ausschließlich auf ihre eigenen individuellen Kompetenzen und Qualifizierungen verlassen.[145]

Ein weiteres Problemfeld in der Organisationskultur von Jugendämtern liegt vor, wenn die Organisation zwar fachliche Vorgaben und Instrumente zum Umgang mit möglichen Kindeswohlgefährdungen vorgibt, die Fachkräfte diese aufgrund fehlender Schulungen und Fortbildungen und aufgrund fehlender Qualifikationen nicht auf den konkreten Fall anwenden können, sondern die Instrumente nur pro forma anwenden, weil es von der Leitungsebene vorgeschrieben wird. Ein fachlich adäquater Kinderschutz wird hierbei von der „methodischen Hilflosigkeit"[146] der Fachkräfte erschwert. So werden beispielsweise den Fachkräften die Grundlagen der Gesprächsführung bei risikobelasteten und kritischen Gesprächen mit Eltern nicht hinreichend vermittelt oder sie werden nur mangelhaft im Umgang mit den Instrumenten zur Risikoeinschätzung geschult. Hierbei ist es jedoch gemäß § 72 Abs. 3 SGB VIII Aufgabe der Leitungsebene, Fortbildung und Praxisberatung der Mitarbeiter des Jugendamts sicherzustellen, sodass die Fachkräfte im ASD im Umgang mit fachlichen Vorgaben und Instrumenten ausreichend geschult sind[147] und dadurch ihrem gesetzlich vorgeschriebenen Schutzauftrag angemessen nachkommen können. An diesem Punkt zeigt sich erneut das Spannungsfeld zwischen den rechtlichen Rahmenbedingungen, die der Gesetzgeber vorgibt und den Hindernissen, die sich in der Alltagspraxis ergeben.

---

[144] Vgl. ebd. S.106-107
[145] Vgl. ebd. S.107
[146] Vgl. Institut für Sozialarbeit und Sozialpädagogik e.V., 2012, S.107
[147] Vgl. Beck. Sozialgesetzbuch, 2015. § 72 Abs. 3 SGB VIII

4.2.2. Mangelnde Verbindlichkeit und mangelnde Beachtung der Prozesshaftigkeit von Strukturen

Ein weiteres Hindernis im organisatorischen Rahmen stellen die mangelnde Verbindlichkeit und mangelnde Beachtung der Prozesshaftigkeit von Strukturen durch die Fachkräfte dar. Fachliche Vorgaben und die Instrumente zur Risikoeinschätzung werden seitens der Leitungsebene zur Verfügung gestellt und Schulungen und Fortbildungen werden regelmäßig von den Fachkräften genutzt. Auch in strukturierten Organisationsformen mit klaren Abläufen kann es vorkommen, dass die Fachkräfte die von der Leitungsebene zur Verfügung gestellten fachlichen Vorgaben als ineffizient und nutzlos auffassen und diese nur sporadisch verwenden.[148] Die Fachkräfte verlassen sich, in diesem Fall, ausschließlich auf ihre eigenen Kompetenzen und ihre Erfahrungen, wodurch eine objektive Sicht auf einen Fall geworfen werden kann. Fehler im Schutzhandeln und im Umgang mit den Eltern bzw. Erziehungsberechtigten können nicht ausgeschlossen werden.

4.3. Zunehmende Angebotsengpässe bei freien Jugendhilfeträgern

Eltern bzw. die Personensorgeberechtigten haben gemäß § 27 Abs. 1 Satz 1 SGB VIII bei der Erziehung ihrer Kindes einen rechtlichen Anspruch auf Hilfe in Form von Hilfen zur Erziehung, wenn eine dem Wohl des Kindes oder des Jugendlichen entsprechende Erziehung nicht gewährleistet ist und die Hilfe für seine Entwicklung geeignet und notwendig ist.[149] Um die Erbringung der gesetzlich vorgeschriebenen Leistungen nachzukommen, ist die öffentliche Jugendhilfe bei bestehendem Erziehungshilfebedarf darauf angewiesen, dass vor Ort ein leistungsfähiges und ausreichendes Angebot an Hilfen zur Erziehung durch die freien Träger der Jugendhilfe vorhanden ist. Die qualifizierte Handlungsfähigkeit der öffentlichen Jugendhilfe ist demnach, unter anderem, von der Verfügbarkeit der in § 27 Abs. 1 Satz 1 SGB VII geforderten geeigneten und notwendigen Hilfen abhängig, sprich von einer ausreichend entwickelten Infrastruktur im Bereich der Hilfen zur Erziehung, um Familien mit angemessenen und geeigneten Hilfen unterstützen zu können. Eine Einschränkung dieser Handlungsfähigkeit liegt vor, wenn geeignete und notwendige Hilfen zur Erziehung nicht im benötigten Umfang vorliegen.

---

[148] Vgl. Institut für Sozialarbeit und Sozialpädagogik e.V., 2012, S.108
[149] Vgl. Beck. Sozialgesetzbuch, 2015. § 27 Abs. 1 Satz 1 SGB VIII

Gemäß § 79 Abs. 2 Nr. 1 SGB VIII ist es die Aufgabe der öffentlichen Jugendhilfe die erforderlichen und geeigneten Einrichtungen, Dienste und Veranstaltungen den verschiedenen Grundrichtungen der Erziehung entsprechend rechtzeitig und ausreichend zur Verfügung zu stellen,[150] sprich dafür zu sorgen, dass der „Hilfebedarf von Kindern und ihren Familien auch befriedigt wird."[151] Die öffentliche Jugendhilfe ist bei der Schaffung ausreichender Hilfsangebote stark auf das örtliche Hilfe- und Unterstützungsangebot der freien Träger der Jugendhilfe angewiesen.

Die Träger der öffentlichen Jugendhilfe sollen gemäß § 74 Abs. 1 und 2 SGB VIII die freien Träger der Jugendhilfe finanziell fördern, sodass die Gewährung von Leistungen nach dem SGB VIII ermöglicht werden kann.[152] § 74 Abs. 1 Nr. 4 SGB VIII schreibt jedoch auch vor, dass die Träger der öffentlichen Jugendhilfe die freien Träger nur dann finanziell fördern sollen, wenn diese eine angemessene Eigenleistung erbringen. Die geforderte Erbringung von angemessenen Eigenleistungen der freien Träger als Voraussetzung für die finanzielle Unterstützung der Träger der öffentlichen Jugendhilfe erschwert jedoch den Ausbau der örtlichen „infrastrukturellen und sozialräumlichen Angebote"[153] und dadurch das Angebot an benötigten und geeigneten Hilfen für betroffene Familien.

Die örtliche Trägerlandschaft muss so fördert werden, sodass möglichst wenige, standardisierte Angebote geschaffen werden, sondern vermehrt Hilfen, die auf den jeweiligen Einzelfall zugeschnitten sind und diese gemeinsam mit dem Jugendamt, den freien Trägern und den betroffenen Familien entwickelt werden. Das Hilfesystem muss sich den wechselnden Bedarfen und Bedürfnissen der leistungsberechtigten Familien anpassen und nicht diese umgekehrt an das jeweilige Hilfesystem.[154] Die Errichtung einer vielfältigen Hilfelandschaft, mit individuell zugeschnittenen Angeboten, ist in vielen Regionen, aus unterschiedlichen Gründen, noch immer nicht ausreichend umgesetzt worden. So müssen viele Familien oft wochen- oder monatelang, auf die Einleitung der benötigten Hilfemaßnahmen, aufgrund fehlender Kapazitäten der freien Träger oder aufgrund fehlgeschlagener vorheriger Hilfen, warten.

---

[150] Vgl. Beck. Sozialgesetzbuch, 2015. § 79 Abs. 2 Nr.1 SGB VIII
[151] Vgl. Verein für Kommunalwissenschaften e.V, 1999, S.48
[152] Vgl. Beck. Sozialgesetzbuch, 2015. § 74 Abs. 1 und 2 SGB VIII
[153] Arbeitsgemeinschaft für Kinder- und Jugendhilfe, S.3
[154] Vgl. HINTE, 1/2012, S. 38

Oftmals spezialisieren sich die freien Träger der Jugendhilfe in ihren Einrichtungen, vor allem stationäre Jugendhilfeeinrichtungen, auf bestimmte Zielgruppen,[155] wodurch eine bestimmte Gruppe von Kindern oder Jugendlichen und ihre Familien von der Inanspruchnahme der Maßnahmen ausgeschlossen wird, anstatt dass sich die Einrichtungen immer wieder neu an den Bedarfen der Kinder und Jugendlichen und an deren Familien anpassen und individuelle Konzepte entwickeln.

Andererseits haben sich nur wenige ambulante Hilfemaßnahmen und Konzepte der freien Träger speziell auf den Umgang mit Gewalt in Familien spezialisiert. So gibt es in der Praxis der Kinder- und Jugendhilfe laut Heinz Kindler, abgesehen von wenigen spezialisierten Einrichtungen, nur eine begrenzte Anzahl an spezifischen Interventionskonzepten und Hilfemaßnahmen, in Form von ambulanten Hilfen zur Erziehung mit belegter Wirksamkeit, die darauf spezialisiert sind, nach der erfolgten Risikoeinschätzung der Fachkräfte speziell das Misshandlung- und Vernachlässigungsrisiko für die betroffenen Kinder in ihren Familien zu senken. Und das obwohl bei Kindesmisshandlungen, vor allem bei körperlicher Misshandlung, das Risiko einer erneuten Misshandlung laut Prof. David J. Kolko, Professor der Psychiatrie, der Psychologie und der Pädiatrie, an Universität in Pittsburgh, bei 25 % innerhalb eines Jahres liegt.[156] An diesem Punkt zeigt sich erneut das Spannungsfeld zwischen den gesetzlich vorgeschriebenen Aufgaben und Verpflichtungen und der Handlungsfähigkeit des ASD, die durch die gegebenen strukturellen und örtlichen Gegebenheiten der Infrastrukturen an Hilfen zur Erziehung beeinflusst und unter Umständen eingeschränkt werden.

4.4. Herausforderungen und Schwierigkeiten bei der Zusammenarbeit im Kinderschutz

Ein effizienter und nachhaltiger Kinderschutz ist nicht alleine die gesetzlich vorgeschriebene Aufgabe der öffentlichen Jugendhilfe, sondern Kinderschutz muss als gesamtgesellschaftliche Aufgabe verstanden werden.

155

[156] Vgl. KINDLER/LILLIG/GERBER, 2016, S. 24-25

Hierbei müssen die am Kinderschutz beteiligten Institutionen und Professionen flächenübergreifend kooperieren und den Kinderschutz als gemeinsame Aufgabe und Verpflichtung wahrnehmen.[157] Rahmenbedingungen im Kinderschutz müssen diesbezüglich durch den Staat und seine Institutionen und durch die Mitglieder der Gesellschaft so geschaffen und gestaltet werden, dass Kinder und Jugendliche vor Gefahren für ihr Wohl geschützt werden und sich gemäß § 1 Abs. 1 SGB VIII zu einer eigenverantwortlichen und gemeinschaftsfähigen Persönlichkeit entwickeln können.[158] Der Gesetzgeber betont in § 81 SGB VIII die Verpflichtung und die Notwendigkeit der öffentlichen Jugendhilfe mit anderen Stellen und öffentlichen Einrichtungen, deren Tätigkeit sich auf die Lebenssituation junger Menschen und ihrer Familien auswirkt, zusammenzuarbeiten.[159] Die öffentliche Jugendhilfe muss gesetzlich also mit anderen Hilfesystemen und Professionen, insbesondere mit den freien Trägern der Jugendhilfe, der Justiz, den Schulen, der Polizei und dem Gesundheitswesen im Kinderschutz zusammenarbeiten. Oberstes Ziel aller am Kinderschutz beteiligten Institutionen muss die Sicherstellung einer optimalen Förderung und eines größtmöglichen Schutzes von Kindern und Jugendlichen sein. Die Fachlichkeit einzelner Professionen oder Institutionen reicht nicht aus, um den Schutz von Kindern alleine sicherzustellen. Daher müssen die verschiedenen Akteure ihre Kompetenzen und Handlungsmöglichkeiten vor Ort bündeln und den Kinderschutz als gemeinsame Aufgabe begreifen, um die unterschiedlichen Kompetenzen und Qualifizierungen zum Schutz von Kindern und Jugendlichen optimal nutzen zu können.[160]

So wichtig eine gute Zusammenarbeit im Kinderschutz ist, deuten viele Erfahrungen in der Berufspraxis darauf hin, dass Kooperation zwischen unterschiedlichen Systemen nicht immer leicht zu verwirklichen ist. Es ist nicht einfach, die „Grenzen zwischen den unterschiedlichen Systemen sinnvoll wo nötig zu überwinden und gleichzeitig eigene Schutz- und Arbeitsbereiche aufrecht zu erhalten."[161] Unterschiedliche Zielvorstellungen, Widersprüche und Schwierigkeiten zwischen den Kooperationspartnern können hierbei eine gelingende Kooperation erschweren.

---

[157] Vgl. Veröffentlichung des Justizministerium, Innenministerium, Ministerium für Kultur, Jugend und Sport, Ministerium für Arbeit und Soziales, 2009, S. 5
[158] Vgl. Beck. Sozialgesetzbuch, 2015. § 1 Abs. 1 SGB VIII
[159] Vgl. Beck. Sozialgesetzbuch, 2015. § 81 SGB VIII
[160] Vgl. Bayerisches Staatsministerium für Arbeit und Sozialordnung, Familie und Frauen, 2007, S.6
[161] Deutsches Jugendinstitut. IzKK-Nachrichten, Heft 1 2013/2014, S. 4

Ebenso sieht man sich laut Reinhard Wolff immer wieder mit ganz unterschiedlichen Konzeptionen der am Kinderschutz beteiligten Systeme konfrontiert, was man unter Kooperation versteht und wie man sie bestmöglich gestalten sollte.[162] Im Nachfolgenden möchte ich einige Problemfelder aufzeigen, die bei der Zusammenarbeit im Kinderschutz auftreten können.

4.4.1. Unklare Rollenerwartungen und Rollenwahrnehmungen der Fachkräfte

Unterschiedliche institutionelle Aufträge und Arbeitsfelder, mit unterschiedlichen gesetzlichen Grundlagen und unterschiedlichen Herangehensweisen an Gefährdungssituationen, prägen das Zusammentreffen der unterschiedlichen Kooperationspartner. Vorurteile und unklare oder überzogene Erwartungen an andere Akteure des Kinderschutzes können zu Hindernissen in der Zusammenarbeit im Kinderschutz führen. Unterschiedliche fachliche Aufgaben, Ziele, Normen und Vorgehensweisen der unterschiedlichen Professionen und das fehlende Wissen über das Aufgabenspektrum der anderen am Kinderschutz beteiligten Akteure, können hierbei einen Ausgangspunkt für Missverständnisse und Konflikte darstellen. Grundlage für eine erfolgreiche Kooperation ist die gegenseitige Kenntnis über die jeweiligen Aufgaben, Zuständigkeiten, Handlungsmöglichkeiten, aber auch die Handlungsgrenzen der jeweiligen Akteure. Ist diese Grundlage nicht oder nicht ausreichend gegeben, können überzogene Erwartungen an die Handlungsmöglichkeiten der anderen Professionen zu Problemen führen.

Ein weiteres Hindernis in der Zusammenarbeit im Kinderschutz kann sich aus der Schwierigkeit der klaren Formulierung der eigenen Kompetenzen, der Handlungsmöglichkeiten und auch der Grenzen des Handelns ergeben und diese transparent gegenüber anderen Professionen darzustellen und auch einzufordern. Durch das fehlende Wissen der eigenen und externen Handlungsmöglichkeiten und der Grenzen der Handlungsfähigkeit, kann es zu Missverständnissen in der Handlungsverpflichtung und zu unbewussten und falschen Zuschreibungen führen.[163] Nur durch eine diesbezügliche Klärung können die Ressourcen, die Qualifikationen und die Kompetenzen der unterschiedlichen Beteiligten bestmöglich genutzt werden.

---

[162]

[163] Vgl. Deutsches Jugendinstitut. IzKK-Nachrichten, Heft 1 2013/2014, S.4

4.4.2.Hindernisse bei der kooperativen Zusammenführung von Gefährdungseinschätzungen

Bei der Risikoeinschätzung von Kindeswohlgefährdung nutzen die Fachkräfte unterschiedlicher Institutionen ihre institutionsspezifischen fachlichen Vorgaben bzw. Verfahren und ihre Instrumente (Einschätzungsbögen, Kinderschutzbögen, Checklisten, Teamberatungen etc.), um die Gefährdungslage von Kindern und Jugendlichen einzuschätzen. Hindernisse in der Zusammenarbeit im Kinderschutz können entstehen, wenn die verschiedenen Akteure getrennt voneinander Risikoeinschätzungen zum gleichen Fall erstellen und diese nicht mit den Einschätzungen der anderen abgleichen.[164] Es werden zwar viele gewichtige Anhaltspunkte für eine Gefährdungslage von den einzelnen Beteiligten gesammelt, jedoch ergibt sich aufgrund der fehlenden Zusammentragung der Risikoaspekte kein ganzheitliches Bild der Gefährdungslage in der Familie. Auf diese Weise entsteht das Risiko, dass wichtige Anhaltspunkte aufgrund von fehlenden Informationen übersehen werden und die notwendigen Interventionsschritte nicht dem Bedarf entsprechend eingeleitet werden. Das fehlende Zusammentragen unterschiedlicher Gefährdungseinschätzungen kann sich nicht nur aus mangelnder Einsicht zur Zusammenarbeit ergeben, sondern kann auch aufgrund von Überlastung oder Abwesenheit einzelner Akteure untergehen.

Auch wenn die unterschiedlichen Beteiligten im Kinderschutz ihre Einschätzungen zusammentragen, tritt vor allem zwischen der Kinder- und Jugendhilfe, der Gesundheitshilfe und der Medizin häufig das Phänomen auf, dass identische Begrifflichkeiten, im jeweiligen Kontext durch das Fehlen einheitlicher Definitionen, unterschiedlich gedeutet und bewertet werden. Ein Hindernis in der Zusammenarbeit im Kinderschutz kann sich dementsprechend, durch eine mangelnde Einigung auf gemeinsame Definitionen und Bedeutungen bestimmter Begrifflichkeiten, herausbilden.[165] Durch das Fehlen einheitlicher Definitionen zum gleichen Sachverhalt können die Begrifflichkeiten und die Beschreibungen der Problemlagen der anderen Professionen falsch interpretiert werden, wodurch ungeeignete Maßnahmen und Entscheidungen getroffen werden.

---

[164] Vgl.ebd., S.7
[165] Vgl. Deutsches Jugendinstitut. IzKK-Nachrichten, Heft 1 2013/2014, S.4

Ein weiteres Hindernis in der Zusammenarbeit kann sich aus der unterschiedlichen Gewichtung der Risikoeinschätzungen und bei der Zusammenführung der Ergebnisse ergeben. Durch die Zuschreibung des staatlichen Wächteramtes wird der öffentlichen Jugendhilfe die Verantwortung für die Risikoeinschätzung und die Installation von Maßnahmen zur Sicherstellung des Kindeswohls übertragen. Diese Verantwortungszuschreibung kann dazu führen, dass die Einschätzung der Fachkräfte im ASD über die der anderen Beteiligten im Kinderschutz gestellt wird, auch wenn die anderen Beteiligten in einem intensiveren und näheren Verhältnis zur Familie stehen und ihre Beobachtungen und Einschätzungen unmittelbar aus dem Alltag der Familie gewinnen.[166] So werden die Einschätzungen der Fachkräfte im ASD häufig über die der freien Träger, der Kindergärten und der Schulen gestellt und der ASD entscheidet letztendlich über die einzuleitenden Interventionsmaßnahmen in den Familien. Bei einer einseitigen Sicht auf die Gefährdungslagen in Familien können Fehler im Schutzhandeln nicht ausgeschlossen werden und eine intensive Risikoanalyse, welche die fachlichen Kompetenzen und Qualifizierungen mehrerer Institutionen nutzt, findet nicht oder nicht in erforderlicher Weise statt.

4.4.3. Kindeswohlgefährdung und Datenschutz

Um einen effektiven und nachhaltigen Kinderschutz zu leisten, müssen die beteiligten Institutionen und Professionen den Kinderschutz als gemeinsame Aufgabe und Verpflichtung wahrnehmen und sich gegenseitig unterstützen und zuarbeiten. Gemäß § 8a SGB VIII hat das Jugendamt die Verpflichtung das Gefährdungsrisiko, bei Vorliegen gewichtiger Anhaltspunkte, im Zusammenwirken mehrerer Fachkräfte abzuschätzen. Die Abschätzung des Gefährdungsrisikos beinhaltet die Einbeziehung mehrerer Fachkräfte, um den Sachverhalt aufzuklären und auch die Beschaffung weiterer Informationen, um sich ein ganzheitliches Bild von der Gefährdungssituation machen zu können.

Oftmals tauchen bei der Beschaffung von Informationen Fragen und Unklarheiten zur Verschwiegenheit und Vertraulichkeit auf, sprich, welche relevanten Daten von anderen Institutionen erhoben und weitergegeben werden dürfen.

---

[166] Vgl. Netzwerk Frühe Hilfen, 13. November 2014, S.4

So äußern viele Fachkräfte laut Heinz Kindler immer wieder rechtliche Unsicherheiten bezüglich des Austauschs von vertraulichen Daten.[167] Dies kann zur Folge haben, dass Informationen nicht an andere notwendige Stellen weitergegeben werden oder Kooperationspartner nicht in die Risikoeinschätzung miteinbezogen werden. § 61 Abs. 3 Nr. 2 c.) i.V.m. Nr. 4 SGB VIII schreibt diesbezüglich vor, dass „ohne die Mitwirkung des Betroffenen Sozialdaten nur erhoben werden dürfen, wenn ihre Erhebung beim Betroffenen nicht möglich ist, die Kenntnis der Daten aber erforderlich ist für die Erfüllung des Schutzauftrages bei Kindeswohlgefährdung nach § 8a SGB VIII.[168] Laut § 61 SGB VIII dürfen Sozialdaten von den Fachkräften der Kinder- und Jugendhilfe an anderen Stellen also erhoben werden, wenn die Erhebung für die Erfüllung des Schutzauftrages bei einer Kindeswohlgefährdung notwendig ist. Die Fachkräfte der öffentlichen Jugendhilfe dürfen im Gegenzug Daten nur übermitteln, wenn ohne die Übermittlung der Daten an das Familiengericht gerichtliche Entscheidungen bei einer Gefährdung des Wohls eines Kindes oder eines Jugendlichen nicht ermöglicht werden können[169]. Gemäß § 65 Abs. Nr. 4 SGB VIII dürfen Daten seitens des Jugendamts auch an die Fachkräfte, die zum Zwecke der Abschätzung des Gefährdungsrisikos nach § 8a hinzugezogen werden[170], weitergegeben werden, um dadurch eine gemeinsame Gefährdungseinschätzung einzuleiten.

Die rechtliche Grundlage für die Weitergabe personenbezogener Daten, bei Vorliegen einer Kindeswohlgefährdung, an andere Professionen, die in einem beruflichen Kontakt zum Kind oder Jugendlichen stehen, regelt das *Gesetz zur Kooperation und Information im Kinderschutz.* Werden Personen oder Institutionen, die in einem beruflichen Kontext zum Kind stehen, gewichtige Anhaltspunkte für die Gefährdung des Wohls eines Kindes oder eines Jugendlichen bekannt, so sind diese laut § 4 Abs. 1 KGG verpflichtet, zunächst mit dem Kind oder Jugendlichen und den Eltern bzw. Personensorgeberechtigten die Situation zu erörtern und, soweit erforderlich, bei den Personensorgeberechtigten auf die Inanspruchnahme von Hilfen hinwirken.[171] Diese Berufsgruppen, welche als Geheimnisträger bezeichnet werden, sind also laut § 4 KKG vor einer Meldung an das Jugendamt verpflichtet, die Gefahrdung für das Kind oder des Jugendlichen durch eigene Bemühungen und Mittel abzuwenden.

---

[167] Vgl, KINDLER/LILLIG/GERBER, 2016, S.21
[168] § 61 Abs. 3 Nr. 2 c.) i.V.m. Nr. 4 SGB VIII
[169] § 65 Abs. 1 Nr. 2 SGB VIII
[170] § 65 Abs. 1 Nr. 4 SGB VIII
[171] § 4 Abs. 1 KKG

Personen, die in einem beruflichen Kontakt zum Kind oder Jugendlichen stehen, können sein:

- Erzieherinnen oder Erzieher
- Hebammen
- Lehrerinnen oder Lehrer
- Sozialarbeiter aus anderen Berufsschienen
- Ärzte
- Ehe-, Erziehungs- oder Jugendberaterinnen oder -berater
- Polizisten etc. [172]

Bei der Beurteilung des Vorliegens einer Kindeswohlgefährdung haben Personen, die in beruflichem Kontakt mit Kindern oder Jugendlichen stehen, gemäß § 8b SGB VIII i.V.m. § 4 Abs. 2 KKG einen Anspruch auf Beratung durch eine insoweit erfahrene Fachkraft beim Träger der öffentlichen Jugendhilfe.[173] Die Daten des Kindes bzw. des Jugendlichen sollen vor der Übermittlung der Informationen an die insoweit erfahrene Fachkraft pseudonymisiert werden. Wenn eine Gefährdung des Kindes oder des Jugendlichen durch die Bemühungen der Geheimnisträger nicht abgewandt werden kann, muss das Jugendamt informiert werden.[174] Die Verpflichtung, das Jugendamt einzuschalten, hängt demnach von einer gesetzlichen Ermächtigungsgrundlage ab.

Ein Hindernis im Schutzhandeln kann entstehen, wenn sich zwischen dem Kinderschutz und Datenschutz ein Spannungsverhältnis entwickelt. Dies ist der Fall, wenn die notwendige Vertrauensbasis zwischen den Familien und den Mitarbeitern unterschiedlicher Professionen durch die Erfordernisse des Austausches gefährdet wird. So kann der Austausch von privaten und vertraulichen Informationen an andere Beteiligte des Kinderschutzes Bedenken im Hinblick „auf eine Beschädigung der Arbeitsbeziehung zur Familie"[175] auslösen. Wenn diesbezüglich Informationen aus Angst, die Vertrauensbasis zur Familie zu gefährden, nicht weitergegeben werden, kann dies ein Scheitern von Hilfe- und Schutzanstrengungen begünstigen.

---

[172] § 4 Abs. 1 KKG
[173] § 4 Abs. 2 Satz 1 KKG
[174] § 4 Abs. 2 Satz 2 KKG
[175] KINDLER

5. Chancen und Anregungen zur Stärkung und Weiterentwicklung des Kinderschutzes im ASD

Ich möchte mich bei meiner wissenschaftlichen Arbeit nicht auf nur auf die Beschreibung der Problemfelder und Hindernisse im Schutzhandeln begrenzen, sondern möchte auch mögliche Schritte und Möglichkeiten zur Verbesserung und Stärkung des Kinderschutzes im ASD darstellen. Das fünfte Kapitel soll daher aufzeigen, wie Kinderschutz im ASD ,trotz der vorhandenen Hindernisse und Problemfelder, in der beruflichen Praxis der umgesetzt und gestärkt werden kann.

5.1. Anforderungen an die Organisationskultur im ASD

Die organisatorischen Rahmenbedingungen des Jugendamts können sich auf die Denk- und Handlungsweisen der Mitarbeiter auswirken und den Fallverlauf maßgeblich beeinflussen. Die organisatorischen Bedingungen im ASD müssen so ausgestaltet und strukturiert sein, dass sie die Fachkräfte im ASD unterstützen, entlasten und motivieren. Das Erlernen von Stressbewältigung, ein gutes Zeitmanagement, sowie die Fähigkeit zwischen Wichtigen und weniger Wichtigem zu unterscheiden, reichen jedoch für eine Entlastung der Fachkräfte nicht aus. Von Seiten der Organisationsebene muss die Notwendigkeit gesehen werden und die Bereitschaft vorhanden sein, Strukturen und organisatorische Rahmenbedingungen im Jugendamt zu verändern, sodass die gesetzlich vorgeschriebenen Aufgaben und Verpflichtungen der Fachkräfte in der Praxis umgesetzt werden können.

Im Folgenden möchte ich eine Reihe von organisatorischen Qualitäts- und Erfolgsindikatoren darstellen, die einen nachhaltigen und adäquaten Kinderschutz im ASD begünstigen können.

5.1.1. Stärkung und Qualifizierung der Fachkräfte durch die Organisation

Kompetente, qualifizierte und gesunde Mitarbeiter sind Schlüsselfiguren für den Erfolg und die Qualität im Kinderschutz. Die Fachkräfte und die Leitungsebene müssen gut ausgebildet und qualifiziert werden, sodass sie in komplexen und kritischen Krisensituationen auf ihre Handlungsroutinen- und Handlungskompetenzen zurückgreifen können, um den Schutz von Kindern und Jugendlichen zu gewährleisten.

Um den hohen Ansprüchen des Kinderschutzes gerecht zu werden, müssen die Fachkräfte über verschiedene sozialpädagogische Qualifikationen und Kompetenzen verfügen. Hierbei ist es wichtig, die Fähigkeiten und Qualifikationen der Fachkräfte durch praxisorientierte Fortbildungen und Schulungen weiterzuentwickeln.[176] So müssen verstärkt Fortbildungen zu den unterschiedlichen Erscheinungsformen von Kindesmisshandlungen angeboten werden, die die Fachkräften befähigen, sich Qualifikationen über die Anzeichen, die Entstehung und die Auswirkungen der verschiedenen Formen von Kindesmusshandlung anzueignen und dadurch eine effizientere Risikoeinschätzung vorzunehmen.

Um die Fachkräfte vor Überforderung und Überanstrengung zu schützen, könnten interne Seminare oder externe Fortbildungen zur Stressbewältigung angeboten werden, in denen die Fachkräfte erlernen sollen, wie sie mit einer hohen Arbeitsbelastung individuell umgehen können. Die Erkennung und die Setzung von Grenzen und Prioritäten, sowie die Überwindung, sich Hilfe und Unterstützung bei Überforderung zu holen, sollten in diesem Zusammenhang Bestandteile solcher Fortbildungen bzw. Seminare sein. Die Enttabuisierung der Themen Stress und Belastung ist hierbei unbedingt notwendig, sodass sich die Fachkräfte in ihrem individuellen Stress- und Belastungsempfinden ernst genommen fühlen. Belastungen dürfen nicht individualisiert, sondern müssen durch die Leitungsebene wahr- und ernstgenommen werden.[177]

Die Einbindung in ein zuverlässig funktionierendes Team, welches den einzelnen Mitarbeitern Unterstützung, Rückhalt und Vertrauen bietet, ist eine Voraussetzung dafür, dass sich Fachkräfte in ihrem Arbeitsalltag wohler fühlen und, unter Umständen, besser mit Krisensituationen umgehen können. Ein solches Team kann vor allem die Qualität der Teamberatung steigern, wenn es den Einzelnen durch eine offene Kommunikation und eine vertrauensvolle Atmosphäre gelingt, eigene Fehler einzuräumen bzw. Fehler zu erkennen.[178] Lob, Anerkennung, Wertschätzung und mehr Feedback, durch die Leistungsebene oder durch die anderen Fachkräfte, können ebenfalls zu einer größeren Zufriedenheit der Fachkräfte am Arbeitsplatz beitragen.

---

[176] Vgl. KINDLER, S. 28
[177] Vgl. Neue Caritas, Ausgabe 6/2013, S. 26
[178] Vgl. WOLFF, 2013, S. 264-265

5.1.2. Angemessene Personalausstattung zur Gewährleistung der Handlungsfähigkeit der Fachkräfte

Der Erfolg bzw. Misserfolg in der Arbeit im Kinderschutz ist stark von einer ausreichenden Personalausstattung abhängig. In Zeiten von Personalengpässen haben die vorhandenen Fachkräfte weniger zeitliche Kapazitäten für die Bearbeitung der einzelnen Fälle und müssen oftmals zwischen wichtigen und weniger wichtigen Gefährdungsmeldungen und Fällen priorisieren. Ein nachhaltiger Kinderschutz setzt also in diesem Zusammenhang voraus, dass auch in Krankheits- und Urlaubsfällen ausreichend Personal im ASD vorhanden ist, um die fachliche Handlungsfähigkeit der Fachkräfte aufrechtzuerhalten. Neben der Einstellung weiterer Mitarbeiter durch die Landkreise und Städte könnte die Errichtung eines Springersystems im ASD in Krankheits- und Urlaubszeiten, oder bei einem Zusammentreffen mehrerer Gefährdungsfälle, kurzfristig Entlastung bei den vorhandenen Mitarbeitern schaffen. Die Umverteilung der Fälle auf mehr Fachkräfte führt dazu, dass weniger Fallbearbeitungen pro Fachkraft anfallen und den Fachkräften mehr Zeit für die Zusammenarbeit und den Beziehungsaufbau mit Familien und für die Gestaltung von Arbeitsbeziehungen zur Verfügung steht. Die Fachkräfte können sich durch die verringerte Anzahl an Fällen intensiver mit eingehenden Gefährdungsmeldungen auseinandersetzen und mehr Zeit und Ressourcen in Risikoeinschätzungen und für den Beziehungsaufbau mit Familien investieren.

Die Fachkräfte im ASD können zudem durch die Errichtung eines Filterdienstes, welcher sich aus Mitarbeitern mit sozialpädagogischen Qualifikationen zusammensetzt, entlastet werden. Die Mitarbeiter des Filterdienstes könnten als Erstberatungsstelle für Familien dienen, in dem diese die Familien vorab beraten und danach darüber entscheiden, an welche weiteren Stellen die Familien geleitet werden müssen.[179]

---

[179] Vgl. PETRY, 2013, S. 218

5.1.3.Verbindliche organisatorische Verfahrensabläufe und eine angemessene Ausstattung an Schutzinstrumentarien

Verbindliche institutionelle und strategisch- konzeptionelle Verfahrensabläufe in der Organisation, können als bedeutende Qualitäts- und Erfolgsindikatoren im Kinderschutz angesehen werden. Die strukturellen Rahmenbedingungen in der Organisation müssen sich an dem gesetzlich vorgeschriebenen Aufgabenspektrum des Jugendamts ausrichten und den Zielvorstellungen des Grundgesetzes und des Achten Sozialgesetzbuches entsprechen. Die von der Organisation vorgegebenen Verfahrensabläufe und Verfahrensstandards müssen sich im Berufsalltag als praktikabel erweisen und die Fachkräfte bei der Fallbearbeitung und der Risikoeinschätzung unterstützen. Um den rechtlichen und fachlichen Anforderungen des Schutzauftrages gerecht werden zu können, müssen die Fachkräfte auf leicht einsetzbare, standardisierte und strukturierte Instrumente der Diagnose für die Einschätzung von Kindeswohlgefährdungen zurückgreifen können.[180] Die Schutzinstrumentarien können jedoch nur zu einer Steigerung der Qualität der Einschätzung beitragen, wenn die Fachkräfte im Umgang mit Risikoeinschätzungen sensibilisiert und geschult werden und ihnen Einschätzungshilfen bei der Bewertung zur Verfügung gestellt werden.

Die Fachkräfte müssen zudem in der Erkennung und im Umgang mit den verschiedenen Formen von Kindeswohlgefährdung, durch praxisorientierte Fortbildungen, geschult werden, um Gefahren für Kinder schneller erkennen und entsprechende Interventionsschritte einzuleiten zu können. Des Weiteren bedarf es klar geregelter und verbindlicher Verfahrensabläufe, insbesondere bei der Auswahl und der Vermittlung von Erziehungshilfen. Denn gemäß § 27 Abs. 1 Satz 1 SGB VIII muss die Hilfemaßnahme geeignet und notwendig sein, um eine dem Wohl des Kindes oder des Jugendlichen entsprechende Erziehung zu gewährleisten.[181]

Besonders die Risikoeinschätzung und die Bearbeitung kritischer und schwieriger Kinderschutzfälle sollten unter Heranziehung externen Sachverstandes erfolgen, um einen multiperspektiven Blick auf den Fall werfen zu können.

---

[180] WOLFF, 2013, S. 265
[181] Vgl. Beck Sozialgesetzbuch, 2015, § 1 Abs. 3 Nr. 1 SGB VIII

So werden bereits häufig Supervisoren oder andere Professionen, wie die Rechtsmedizin, Erwachsenen- und Kinderpsychiatrie, Fachberatungsstellen[182] zur Beurteilung der Gefährdungssituation hinzugezogen, um das Fachwissen der externen Sachverständigen zu wissen und dadurch eine erweiterte Perspektive auf den Gefährdungsfall zu entwickeln. Wichtig ist hierbei, dass die Bedingungen einer Zusammenarbeit mit den Kooperationspartnern von der Leitungsebene im ASD im Vorfeld schriftlich ausgearbeitet werden, sodass sich die Fachkräfte nicht in einer Akutsituation nicht erst auf die Suche nach geeigneten Akteuren aus anderen Bereichen des Kinderschutzes begeben müssen.[183] Von der Leitungseben müssen darüber hinaus Kooperationsvereinbarungen mit anderen Hilfesystemen im Kinderschutz getroffen werden, unter anderem zum Vorgehen der Zusammentragung von Risikoeinschätzungen. Dies ist insbesondere dann notwendig, wenn unterschiedliche Auffassungen in der Gefährdungsanalyse aufeinandertreffen.

Qualitätsmanagement innerhalb der Organisation im ASD bedeutet also, dass für unterschiedliche Aufgabenbereiche des ASD Kriterien für die Qualität benannt werden müssen, sodass diese in der Organisation umgesetzt werden können. Kriterien für die Qualität müssten insbesondere beim Schutz von Kindern und Jugendlichen vor Gefahren für ihr Wohl, bei der Vorgehensweise einer Kindeswohlgefährdung, sowieso bei der Hilfeplanung und der Trennungs- und Scheidungsberatung herausgearbeitet werden.[184]

5.1.4. Qualitätssteigerung durch sinnvoll strukturierte Teamberatungen

Die Struktur von Teamberatungen beim Vorliegen gewichtiger Anhaltspunkte oder bei Fallberatungen wirkt sich unmittelbar auf die Effizienz und die Effektivität des Schutzhandelns seitens des ASD aus. Der Gesetzgeber schreibt zwar vor, dass die fallzuständige Fachkraft eine Risikoeinschätzung bei Vorliegen gewichtiger Anhaltspunkte zusammen mit mehreren Fachkräften vornehmen soll,[185] jedoch macht dieser keine gesetzlichen Angaben bzw. Vorschriften über die Strukturierung und den Ablauf von Teamberatungen. Die Gestaltung des Ablaufes und der Strukturierung der Falldarstellung und der Risikoeinschätzung im Team sind jedem ASD selbst überlassen.

---

[182] Vgl. Nationales Zentrum Frühe Hilfen, Mai 2016, S. 7
[183] Vgl. KINDLER, S. 28
[184] Vgl. MERCHEL, 2003, S. 9
[185]Vgl. Beck: Sozialgesetzbuch, 2015, § 8a Abs. 1 Satz 1 SGB VIII

Die Struktur von Teamberatungen kann die Qualität der Fallberatung und des Schutzhandelns jedoch wesentlich beeinflussen und bedarf daher einer wohlüberlegten Planung und Umsetzung. So muss auch die Beteiligung der fallzuständigen Fachkraft in den einzelnen thematischen Abschnitten der Teamberatung so gesteuert werden, dass die anderen teilnehmenden Fachkräfte der Fallberatung von der fallzuständigen Fachkraft nicht in ihren eigenen Wahrnehmungs- und Beurteilungsprozessen beeinflusst werden, sondern sich eine eigene Meinung zum Fall und zu den weiteren Handlungsschritten bilden können. Die Teamberatung sollte so strukturiert sein, dass genügend Raum und Zeit für eine vertiefende Bearbeitung und Auseinandersetzung des Falles vorhanden sind und „konstruktiv- kritische Nachfragen"[186] seitens des Teams von allen Teammitgliedern ernst genommen und aufgegriffen werden. So sollen bei Teambesprechungen alle Teammitglieder ihre Ideen, Anregungen, Vorschläge, Ratschläge und Hypothesen zum Fall einbringen können, aber auch ihre Befürchtungen und Warnungen bezüglich widersprüchlicher und fragwürdiger Interventionsmaßnahmen.[187] Denn nur, wenn alle Facetten des Falles durchleuchtet werden und eine vertiefende Bearbeitung und Auseinandersetzung mit dem Fall stattfindet, kann die Qualität des Schutzhandelns gesteigert werden. Um die Qualität des Schutzhandelns zu steigern ist es bei Teamberatungen sinnvoll, wenn unmittelbare Eindrücke von der Familie und von den betroffenen Kindern nicht nur von der fallzuständigen Fachkraft eingebracht werden, sondern auch von anderen Fachkräften oder anderen Institutionen, die im unmittelbaren Kontakt zur Familie stehen (z.B. Kindergarten, Schule, Ärzten etc.). Dadurch kann die Wahrscheinlichkeit der Weitergabe einer unbeabsichtigten Verzerrung der familiären Faktoren durch die alleinige Schilderung der fallzuständigen Fachkraft gesenkt[188] und effektivere und effizientere, auf die familiären Bedürfnisse abgestimmte Maßnahmen getroffen werden.

Dem Anhang 2 ist eine ausführliche Darstellung unterschiedlicher Strukturtypen von Teamberatungen zu entnehmen. Hierbei habe ich die unterschiedlichen Strukturtypen nacheinander vorgestellt und mögliche Vor- und Nachteile eines jeden Strukturtyps herausgearbeitet.

---

[186] KINDLER/LILLIG/GERBER, 2016, S.18
[187] Vgl. KINDLER/LILLIG/GERBER, 2016, S.18
[188] Vgl. KINDLER/LILLIG/GERBER, 2016, S.18-19

61

5.2. Kinderschutz stärken durch interdisziplinäre Kooperation

Kinderschutz ist eine Aufgabe der Familie, so schreibt es das Grundgesetz in Artikel 6 vor. Kinderschutz ist aber auch eine gesamtgesellschaftliche Aufgabe unterschiedlicher professioneller Fachkräfte verschiedener Institutionen. Die Qualität der Kinderschutzarbeit hängt in diesem Zusammenhang maßgeblich von der Ausgestaltung dieser Zusammenarbeit ab. Die Rahmenbedingungen einer interdisziplinären Kooperation müssen von allen Beteiligten des Kinderschutzes gemeinsam herausgearbeitet und gestaltet werden, um einen adäquaten Kinderschutz zu gewährleisten. Eine effektive und nachhaltige Zusammenarbeit ergibt sich jedoch nicht einfach so, sondern muss „gelernt und schrittweise produktiv gemacht werden."[189] Eine gelingende Kooperation im Kinderschutz kann neue Perspektiven und Wege eröffnen und Ordnung und Klarheit bezüglich der Zuständigkeit im Schutzhandeln schaffen. Hierfür müssen die Rollen und die unterschiedlichen Aufgaben der Beteiligten geklärt und transparent gemacht werden. Insbesondere bei Kleinkindern, die in einem besonderen Maße auf die Pflege und die Fürsorge ihrer Eltern angewiesen sind, sind frühe und interdisziplinär angelegte Hilfen zwingend notwendig. Die Gewährleistung und Sicherung präventiver Angebote und Hilfen sind eine interdisziplinäre und systemübergreifende Aufgabe, die nicht mit einer isolierten Maßnahme einzelner Akteure und nicht mit den Qualifizierungen und dem Wissensstand einer einzelnen fachlichen Disziplin allein abgedeckt werden können.[190] Es bedarf geregelte Absprachen und Verfahrenswege, um Gefährdungslagen in Familien frühzeitig zu erkennen und das Wissen und die Kompetenzen des jeweils anderen Kooperationspartners nutzen zu können. zusammenarbeit und Vernetzung darf hierbei nicht als Abgabe einer Verantwortung gesehen werden, sondern „als Hinzuziehung weiterer Verantwortungsträger und damit zusätzlicher Möglichkeiten"[191], Qualifikationen und Erfahrungen. Die unterschiedlichen Sichtweisen und die Pflichten der Kooperationspartner müssen hierbei von allen Beteiligten respektiert und beachtet werden.

Das Gesetz zur Kooperation und Information im Kinderschutz (KKG) greift in seinen vier Paragraphen die Bedeutung und Notwendigkeit einer interdisziplinären Kooperation im Kinderschutz auf.

---

[189] WOLFF, 2013, S. 3
[190] Vgl. Nationales Zentrum Frühe Hilfen, 2011, S. 41
[191] Kinderschutzbund, 2011, S. 5

So sollen die Länder gemäß § 3 KKG „flächendeckend verbindliche Strukturen der Zusammenarbeit der zuständigen Leistungsträger und Institutionen im Kinderschutz mit dem Ziel aufbauen und weiterentwickeln, sich gegenseitig über das jeweilige Angebots- und Aufgabenspektrum informieren, strukturelle Fragen der Angebotsgestaltung und - entwicklung klären sowie Verfahren im Kinderschutz aufeinander abstimmen."[192] § 4 KKG weißt auf die Notwendigkeit einer Zusammenarbeit zwischen den verschiedenen Berufsgruppen hin, sodass die so genannten Geheimnisträger die Beratung und die Unterstützung bei der Beurteilung einer möglichen Kindeswohlgefährdung von Seiten des Jugendamts annehmen.[193]

In der Praxis zeigt sich häufig, dass die verschiedenen Berufsgruppen meist nur bei einzelnen Fällen zusammenarbeiten, wenn konkret eine mögliche oder tatsächliche Gefährdungssituation vorliegt. Fallunabhängige Kooperationen zwischen den Fachkräften unterschiedlicher Bereiche finden im Vergleich hierzu nur selten statt. Interdisziplinäre Zusammenarbeit erfordert die Schaffung von Arbeitskreisen, Helferkonferenzen, Runden Tischen und lokalen Koordinationsnetzwerken, bei denen es verstärkt um die fallunabhängige Stärkung der Zusammenarbeit geht.[194] So empfiehlt der Kommunalverband Jugend und Soziales Baden-Württemberg (KVJS) die Zusammenarbeit im Kinderschutz durch die Errichtung und Teilnahme von örtlichen Arbeitskreisen zu verbessern. Die bereits bestehenden Arbeitskreise und Runden Tische, in denen sich beispielsweise mit dem Umgang, der Erkennung, den Handlungsmöglichkeiten und der Aufgabenverteilung bei Vorliegen einer Kindesmisshandlung beschäftigt wird, sollen auch weiterhin genutzt und weiterentwickelt werden. Je nach Thema des Arbeitskreises können hierbei die Fachkräfte der Jugendämter, der Frühen Hilfen, des Gesundheitswesens, der Justiz, der Polizei, der Schulen, der Kindertagesstätten teilnehmen und ihren Beitrag zu einer Stärkung der interdisziplinären Kooperation leisten.[195] Ziel solcher Arbeitskreise und Runden Tische soll „der Aufbau, die Institutionalisierung und die kontinuierliche Weiterentwicklung"[196] der Zusammenarbeit sein.

---

[192] Gesetz zur Kooperation und Information im Kinderschutz, 2013, § 3 Abs. 1 KKG
[193] Vgl. edb. § 4 KKG
[194] Vgl. WOLFF, 2013, S. 3
[195] Vgl. KVJS, 2009, S. 27-28
[196] Ebd. S. 28

Sowohl die fallabhängige, als auch die fallunabhängige Kooperation im Kinderschutz sollen durch gemeinsame Absprachen, Öffentlichkeitsarbeit und gemeinsamen Schulungen und Fortbildungen gestärkt und weiterentwickelt werden. So lässt sich beispielsweise der Informationsaustausch im Kinderschutz sicherer und zuverlässiger gestalten, wenn die Fachkräfte der verschiedenen Bereiche in den rechtlichen Möglichkeiten und Grenzen des Datenschutzes geschult werden. Dadurch können Unsicherheiten bezüglich der jeweiligen Verpflichtungen zum Informationsaustausch abgebaut werden und wichtige Informationen können schneller an andere Systeme weitergegeben werden. Im Kontext des 8a-Verfahrens ist die Erstellung einer „zweiseitigen - Schweigepflichtentbindung"[197] der Eltern durch das Jugendamt sinnvoll, damit die im Schutzkonzept eingebundenen Akteure wissen, auf was sie besonders achten müssen.

Wie bereits in Punkt 4.3. beschrieben, ist die öffentliche Jugendhilfe bei bestehendem Hilfebedarf auf ein leistungsfähiges und ausreichendes Angebot an Hilfen zur Erziehung durch die freien Träger der Jugendhilfe angewiesen. Vor allem im ambulanten Bereich gibt es nur eine begrenzte Anzahl an spezifischen Hilfemaßnahmen, die sich explizit auf die Senkung des Misshandlung- und Vernachlässigungsrisikos in der Familie spezialisiert haben. Die öffentliche und freie Jugendhilfe müssen sich in diesem Zusammenhang darüber austauschen, wie ambulante Hilfemaßnahmen nach einer Kindeswohlgefährdung geschaffen und ausgestaltet werden müssen, um das Misshandlung- und Vernachlässigungsrisikos in einer Familie nachhaltig zu senken. [198]

Die Frühen Hilfen spielen in der interdisziplinären Zusammenarbeit im Kinderschutz eine tragende Rolle, da sie als Bindeglied zwischen der Gesundheitshilfe und der Kinder- und Jugendhilfe agieren. So bilden „Frühe Hilfen lokale und regionale Unterstützungssysteme mit koordinierten Hilfsangeboten für Eltern und Kinder […] und basieren vor allem auf multiprofessioneller Kooperation […]. Zentral für die praktische Umsetzung Früher Hilfen ist deshalb eine enge Vernetzung und Kooperation von Institutionen und Angeboten aus den Bereichen der Schwangerschaftsberatung, des Gesundheitswesens, der interdisziplinären Frühförderung, der Kinder- und Jugendhilfe und weiterer sozialer Dienste."[199]

---

[197] Vgl. KINDLER, GERBER, LILLIG, 2016, S.30
[198] Vgl. ebd. S.32
[199] Nationales Zentrum Frühe Hilfe, 2014, S. 13

6. Abschließende Stellungnahme

In meiner wissenschaftlichen Arbeit habe ich mich mit der Fragestellung beschäftigt, wie der Kinderschutz im ASD durch den gesetzlich definierten Rahmen umgesetzt werden kann und welche Schwierigkeiten der Umsetzung sich in der Alltagspraxis ergeben können. Ziel hierbei war es, Verbesserungsperspektiven für einen gelingenden Kinderschutz im ASD zu entwickeln und darzustellen. Ich habe aufgezeigt, wie sich verschiedene Problemfelder auf einen adäquaten Kinderschutz auswirken können und wie diese durch unterschiedliche Maßnahmen begegnet werden können.

Dem ASD wurde durch seine Rolle als staatliches Wächteramt die Hauptverantwortung im Kinderschutz übertragen und er steht in der Umsetzung des Kinder- und Jugendhilfegesetzes vor einer besonderen Herausforderung. Denn der ASD ist die staatliche Institution, welche im Kinderschutz die Letztverantwortung für den Schutz von Kindern und Jugendlichen hat und als Beratungsstelle für Familien und andere am Kinderschutz beteiligten Systemen agiert. In der öffentlichen Wahrnehmung hat der ASD die alleinige Verantwortung im Kinderschutz, die nicht auf andere Hilfesysteme und andere Akteure übertragbar ist. Im vierten Kapitel habe ich jedoch aufgezeigt, dass die konkrete Umsetzung des Bundeskinderschutzgesetzes und die damit implizierte Wahrnehmung des staatlichen Wächteramtes durch den ASD in der beruflichen Praxis oftmals mit Schwierigkeiten verbunden sind. Kinder und Jugendliche können nicht adäquat vor Gefahren für ihr Wohl geschützt werden, wenn der ASD durch verschiedene Rahmenbedingungen und Hindernisse in seinem Schutzauftrag behindert und geschwächt wird.

Durch die Betrachtung und Darstellung der unterschiedlichen Formen von Kindeswohlgefährdungen habe ich aufgezeigt, dass Kindeswohlgefährdungen in unterschiedlichen, nicht klar voneinander abgrenzbaren Erscheinungsformen auftreten können und eine klare Unterscheidung demnach mit Schwierigkeiten verbunden ist. Um im Kinderschutz effektive und nachhaltige Arbeit zu leisten, müssen die Fachkräfte des Kinderschutzes, hier vor allem die Mitarbeiter im ASD, die verschiedenen Ausprägungen von Kindeswohlgefährdungen kennen und sie differenzieren können.

Aufgrund der Schwierigkeit der Differenzierung, müssen für eine fundierte Einschätzung zum Gefährdungsrisiko, vielerlei Informationen gesammelt und aus unterschiedlichen Blickwinkeln heraus bewertet werden. Immer öfter wird jedoch deutlich, wie schwer es für die Fachkräfte ist, nicht nur angemessen durch differenzierte Präventions- und Interventionsmaßnahmen auf Kindeswohlgefährdungen zu reagieren, sondern auch mögliche Symptome, Ursachen und Auswirkungen wahrzunehmen. Um einen adäquaten Kinderschutz zu leisten, ist es notwendig, dass sich die Fachkräfte im ASD Fachwissen zu den unterschiedlichen Misshandlungsformen aneignen, aber auch Wissen zu einem altersgerechten Verhalten von Kindern. Dies kann durch Fortbildungen und Schulungen der Fachkräfte zu den unterschiedlichen Aspekten und Vorgehensweisen bei der Risikoeinschätzung bei Kindeswohlgefährdung gewährleistet werden, wie es § 72 Abs. 3 SGB VIII auch vorschreibt.

In der Organisation müssen fachliche formale Vorgaben das sozialpädagogische Handeln der einzelnen Fachkräfte unterstützen und leiten, sodass die Fachkräfte im ASD die von der Organisation zur Verfügung gestellten Schutzinstrumentarien adäquat bei der Risikoeinschätzung und bei der weiteren Vorgehensweise im Fallverlauf nutzen können. Vor allem neue Mitarbeiter müssen erst kontinuierlich in das Tätigkeitsfeld des Jugendamts eingearbeitet werden und benötigen Handlungsleitlinien und sinnvoll ausgearbeitete Schutzinstrumentarien seitens der Organisation.

Die Herausforderungen im Kinderschutz sind von den Fachkräften im Jugendamt jedoch nicht ohne ein ausreichendes und qualifiziertes Personal zu bewältigen. Auch kann der Kinderschutz nicht alleine die gesetzlich vorgeschriebene Aufgabe der öffentlichen Jugendhilfe sein, sondern muss als gesamtgesellschaftliche Aufgabe verstanden werden. Hindernisse bei der Umsetzung des Bundeskinderschutzgesetzes können hierbei an den Schnittstellen zwischen dem ASD und seinen Kooperationspartnern gesehen werden. Eine interdisziplinäre Zusammenarbeit, zwischen den am Kinderschutz beteiligten Berufssystemen, muss zum Schutz von Kindern kontinuierlich gestärkt und ausgebaut werden, denn „eine gute Zusammenarbeit ist der Eckstein des Qualitätsmanagements in der Kinderschutzarbeit"[200] und muss schrittweise gelernt und in der Praxis umgesetzt werden.

---

[200] BQZ, Juni 2012, S. 6

Bei der Ausübung des Schutzauftrages darf demnach nicht nur dem individuellen Verhalten und den fachlichen Qualifikationen und Kompetenzen der einzelnen sozialpädagogischen Fachkräfte in den Jugendämtern eine große Bedeutung zugeschrieben werden. Die strukturellen Rahmenbedingungen in der Organisation, der Strukturlandschaft an Hilfen zur Erziehung durch die freien Träger der Jugendhilfe und der interdisziplinärer Zusammenarbeit sind ebenfalls Voraussetzungen für einen gelingenden oder scheiternden Kinderschutz. Die einzelnen Fachkräfte im ASD agieren als Teil einer Organisation und als Bindeglied zwischen unterschiedlichen Akteuren im Kinderschutz. Denn wer Fehler in einem System erfassen, verstehen und auch beheben will, muss sie laut Heinz Kindler auch wahrnehmen und bereit sein, sie genau zu betrachten.[201]

Kinder und Jugendliche sind auf die Fürsorge, Pflege und die Erziehung ihrer Eltern in einem besonderen Maß angewiesen. Wenn Eltern diesen Schutz nicht gewährleisten können, sind Kinder auf weitere Hilfe angewiesen, um ihr Überleben zu sichern. Der Schutz von Kindern bedarf daher ein gestärktes Jugendamt, welches den Kindern eine Stimme verleiht und sie vor Gefahren beschützt, gerade dann, wenn ihre Eltern dazu nicht in der Lage sind. Eine Auseinandersetzung mit dieser Thematik ist daher unabdingbar.

---

[201] Die Welt: Darf Eltern auch mal die Hand ausrutschen?. Unter
http://www.welt.de/gesundheit/psychologie/article133981853/Darf-Eltern-auch-mal-die-Hand-ausrutschen.html . Stand: 23.05.2016

7. Anhang

Formen von Strukturtypen bei Teamberatung

Der Forschungsverbund Deutsches Jugendinstitut/Technische Universität Dortmund hat in einer kommunalen Untersuchung die Wahrnehmungs-, Definitions- und Entscheidungsprozesse in ASD-Teams untersucht und hierbei unter anderem die Bedeutung verschiedener Strukturtypen bei Teamberatungen auf die Qualität der Fallberatung herausgearbeitet. Der Forschungsverbund DJI/TU Dortmund hat in diesem Zusammenhang die Qualität von drei unterschiedlichen Ablaufprozessen der Teamberatung im ASD dargestellt und in ihrer Effektivität und Effizienz hin untersucht. [202]Die drei unterschiedlichen Ablaufschemen von möglichen Teamberatungen werden in der nachstehenden Darstellung beschrieben.

Abbildung 1: Drei Strukturtypen von Teamberatungen

Quelle: Forschungsverbund DJI/TU Dortmund 2009

Die Untersuchung des Forschungsverbundes DJI/TU Dortmund hat festgestellt, dass es in der öffentlichen Jugendhilfe sowohl Teams gibt, die Fallberatungen bei gewichtigen Anhaltspunkten weitgehend ohne feste Strukturen durchführen, als auch Teams, die die Fallberatungen mit einem hohen Strukturierungsablauf durchführen. [203]

---

[202]Vgl. Der Forschungsverbund Deutsches Jugendinstitut/Technische Universität Dortmund: Wie entscheiden Teams im ASD über Hilfebedarf? Unter: http://www.forschungsverbund.tu-dortmund.de/index.php?id=133. Stand: 28.05.2016
[203] Vgl. Forschungsverbund DJI/TU Dortmund, 2009, S. 52

Eine gesetzlich vorgeschriebene Strukturierung von Fallberatungen gibt es für die Beratung von Fällen im ASD bei gewichtigen Anhaltspunkten nicht.

Im Nachfolgenden möchte ich auf Grundlage der Forschungsuntersuchungen des Forschungsverbund DJI/TU Dortmund das Ablaufschema der unterschiedlichen Strukturtypen von Teamberatungen im Einzelnen vorstellen und hierbei auf die unterschiedlich ausgeprägte Effektivität und Effizienz der unterschiedlichen Beratungsformen im Team eingehen und wie diese sich auf das Schutzhandeln auswirken können.

Der in der Abbildung dargestellte *Strukturtyp A* der Teamberatung ist durch einen eher unstrukturierten Ablauf gekennzeichnet und setzt sich nur aus der Fallvorstellung durch die für den Fall zuständige Fachkraft und der anschließenden Diskussion und der Ergebnisfeststellung zusammen. Der Verlauf der Teamberatung wird nicht durch ein ausgewähltes Teammitglied moderiert und die einzelnen Teile der Beratung werden nicht in vorgeschriebene Zeitabschnitte bzw. Beratungsphasen untergliedert. Nach der Falldarstellung durch die fallzuständige Fachkraft steigen die anderen Fachkräfte mit der fallzuständigen Fachkraft unmittelbar in die Diskussion ein, ohne in einem extra Zeitabschnitt aufkommende Fragen zu behandeln. Aufkommende Fragen zum Fall werden mit eingebrachten Ideen, Anregungen, Vorschlägen, Ratschlägen, aber auch ihre Befürchtungen und Warnungen vermischt und durcheinander, von den unterschiedlichen Fachkräften, in die Diskussion eingeworfen. Da es bei diesem Strukturtyp keinen ernannten Moderator gibt, muss die fallzuständige Fachkraft die eingeworfenen Ratschläge, Ideen und aufkommenden Fragen der anderen Teammitglieder selbst zusammenfassen und sich selbst einen Überblick über die eingebrachten Anregungen verschaffen. Ebenfalls kann sie eigene Hypothesen bzw. einen eigenen Standpunkt zum Fall einbringen und diesen vor den anderen Teammitgliedern darstellen. Bei der Ergebnisfeststellung fehlt „eine in sich zusammenfassende Betrachtung des Falls"[204], da sich die Ergebnisfeststellung mit der Phase der Diskussion überschneidet, wodurch oftmals konkrete Handlungs- und Interventionsschritte für die fallzuständige Fachkraft nicht eindeutig herausgearbeitet werden können.

---

[204] Vgl. Forschungsverbund DJI/TU Dortmund, 2009, S.53

Da sich die fallzuständige Fachkraft an der Diskussion beteiligen darf, ist eine Beeinflussung der Wahrnehmungs- und Beurteilungsprozesse der anderen Teammitglieder durch die fallzuständige Fachkraft nicht ausgeschlossen und kann somit die Qualität des Schutzhandelns beeinflussen.

Der in der Abbildung dargestellte *Strukturtyp B* der Teamberatung ist durch einen strukturierteren Ablauf als Typ A gekennzeichnet und setzt sich nur aus vier Ablaufphasen der Fallbearbeitung zusammen. Die vier Phasen beinhalten die Fallvorstellung durch die für den Fall zuständige Fachkraft, eine Fragerunde, eine anschließende Fallbewertung und die Beratung über Hilfen und abschließend die Empfehlung bzw. die Entscheidung über weitere Handlungsmaßnahmen.

Bei Typ B wird ein Moderator, also eine gesprächsführende Person aus dem Team ernannt, ausgeschlossen hiervon ist die fallzuständige Fachkraft. Die gesprächsführende Person leitet als Moderator die verschiedenen Ablaufphasen nacheinander ein und strukturiert diese. Nach der vom Moderator eingeleiteten Fallvorstellung durch die fallzuständige Fachkraft wird die Fragerunde vom Moderator eingeleitet. In dieser können die anderen Teammitglieder aufkommende Fragen zum Fallverständnis an die fallzuständige Fachkraft stellen, um den Fall besser verstehen und somit verinnerlichen zu können, um somit Ideen und Anregungen zum weiteren Vorgehen zu entwickeln.

Nach der Fragerunde wird vom Moderator die Phase der Fallbewertung eingeleitet, in der alle Teammitglieder ihre Ideen, Anregungen, Hypothesen und weitere Verfahrensschritte zum Fall einbringen können. In der letzten Phase der Teamberatung werden die Ideen und die Anregungen von allen Teammitgliedern vom Moderator in der Phase der *Entscheidung/Ergebnis* gesammelt und dieser „gibt dann die Aufgabe der Bilanzierung an die Fallzuständige weiter"[205]. Nach der Zusammenfassung der Ergebnisse der fallzuständigen Fachkraft fasst die gesprächsführende Person die Entscheidung über die weitere Vorgehensweise noch einmal zusammen und zieht ein Fazit. Da auch in dieser Form der Teamberatung die fallzuständige Fachkraft an der Bewertung des Falles teilnehmen darf, kann auch hier eine Beeinflussung der Wahrnehmungs- und Beurteilungsprozesse der anderen Teammitglieder nicht ausgeschlossen werden.

---

[205] Vgl. Forschungsverbund DJI/TU Dortmund, 2009, S.56

Typ B hat durch die Phase der Fragestellung und der Ergebnisfeststellung und durch die Ernennung eines Moderators im Vergleich zu Typ A den Vorteil, dass die Bewertung des Falles strukturierter und geordneter vorgenommen und in der Schlussphase ein Fazit zum Fall gezogen wird. Durch die bessere Strukturierung des Falles können die Ideen, Anregungen, Vorschlägen, Ratschlägen aber auch ihre Befürchtungen und Warnungen der Teammitglieder besser eingebracht und wahrgenommen werden und dadurch die Qualität des Schutzhandelns, durch die intensivere Bilanzierung von geeigneten Handlungsschritten, gesteigert werden.

Der in der Abbildung dargestellte *Strukturtyp C* der Teamberatung ist genauso wie Typ B durch einen strukturierten Rahmen charakterisiert, setzt sich aber im Vergleich zu Typ B aus fünf Ablaufphasen der Fallbearbeitung zusammen. Die fünf Phasen beinhalten die Fallvorstellung durch die für den Fall zuständige Fachkraft, eine Fragerunde, eine anschließende Sammlung von Hypothesen/Ideen zum Fallverlauf. Danach werden die weiteren Handlungsschritte im Team besprochen und zum Schluss wird das Ergebnis festgehalten. Wie bei Typ B wird auch bei dieser Form der Teamberatung eine gesprächsführende Person aus dem Team ernannt. Im Vergleich zu den zwei zuvor dargestellten Formen der Teamberatung, beteiligt sich die fallzuständige Fachkraft nicht an der Phase der Hypothesensammlung zum Fallverlauf, sondern steigt erst in der Phase der Erstellung weiterer Handlungsschritte wieder in die Diskussion ein.[206] Die fallzuständige Fachkraft stellt den Fall vor und führt eine Einordnung des Falles in drei unterschiedliche Bereiche durch.

In einem kurzen Exkurs möchte ich auf die Beschreibung der unterschiedlichen Bereiche der Falleinordnung eingehen. Dr. Maria Lüttringhaus und Angelika Streich vom Institut LüttringHaus –zertifiziertes Institut für Sozialraumorientierung empfehlen in einem Artikel über *Standards für die Formulierung von Auflagen und Aufträgen im Bereich Kindesschutz* in der Fallarbeit und in der Fallvorstellung im ASD zwischen unterschiedlichen Formen der Verantwortung im Bereich des Kindesschutzes zu unterscheiden.[207] In der Fallarbeit im ASD soll zwischen drei Arbeitsbereichen unterschieden werden.

Ein Fall lasse sich in einen

---

[206] Vgl. Forschungsverbund DJI/TU Dortmund, 2009, S.56-57
[207] Vgl. LÜTTRINGHAUS/ STREICH, In: Fachzeitschrift Evangelische Jugendhilfe, 03/2008, S.149

a.) Leistungsbereich

b.) Graubereich

c.) Gefährdungsbereich

einordnen. Je nach Falleinordnung ergeben sich hierbei unterschiedliche Handlungskonsequenzen für die Fachkräfte im ASD.

Die Fragestellung, die Dr. Maria Lüttringhaus und Angelika Streich in ihren Schulungen für die Fachkräfte im ASD empfehlen, lautet hierfür:

„Wo würdet ihr den Fall xy einordnen?

a) In den Leistungsbereich,

b) in den Graubereich oder

c) in den Gefährdungsbereich?

Mit welcher Begründung? Wie würdet ihr dementsprechend vorgehen?"[208]

Die Einordnung in den Leistungsbereich liegt vor, wenn Klienten, durch Initiative anderer Institutionen, die Beratung und Unterstützung seitens des Jugendamts in Anspruch nehmen. Sie sind nicht an die Leistungen der öffentlichen Jugendhilfe gebunden und können jederzeit die Beratung bzw. Unterstützung des ASD beenden.[209] Im so genannten Graubereich der Falleinordnung muss geklärt werden, ob aktuell eine Kindeswohlgefährdung vorliegt oder nicht oder ob konkrete Aspekte einer drohenden Kindeswohlgefährdung abzuwenden sind. Im Gefährdungsbereich ist geklärt, dass gegenwärtig konkrete gewichtige Anhaltspunkte für eine Kindeswohlgefährdung vorliegen.[210]

Einige Jugendämter, die an der Untersuchung des Forschungsverbundes DJI/TU teilgenommen haben, arbeiten schon seit längerem mit dem Prinzip der Falleinordnung in den drei oben beschriebenen Arbeitsbereichen. Auch in der Falldarstellung bzw. der Risikoeinschätzung im Team erfolgt eine Falleinordnung in diese drei Bereiche.

---

[208]Vgl. LÜTTRINGHAUS/ STREICH, In: Fachzeitschrift Evangelische Jugendhilfe, 03/2008, S.151
[209]Vgl. LÜTTRINGHAUS/ STREICH, In: Fachzeitschrift Evangelische Jugendhilfe, 03/2008, S.149
[210]Vgl. Kreis Rendsburg-Eckernförde, Der Landrat Jugend- und Sozialdienst in Kooperation mit LüttringHaus, S. 5-6

Im Nachfolgenden möchte ich nun wieder auf die Vorstellung des dritten Strukturtyps von Teambratungen zurückkommen. Nachdem die fallzuständige Fachkraft den Fall im Team vorgestellt und diesen in einen der drei Arbeitsbereiche eingeordnet hat, wird die Fragerunde vom Moderator eingeleitet und die fallzuständige Fachkraft beantwortet die aufkommenden Fragen ihrer Kollegen zum besseren Fallverständnis. Der Moderator macht in diesem Zusammenhang auch eine zeitliche Vorgabe zum Beantworten der aufkommenden Fragen. Auch die gesprächsführende Fachkraft kann sich an der Fragerunde oder der Diskussion beteiligen, differenziert jedoch hierbei deutlich zwischen ihrer Moderatorenrolle und seiner Rolle als Teammitglied.[211] Nach der Fragerunde erfolgt durch den Moderator, wie bei Typ B, die Phase der Sammlung von Hypothesen/Ideen zum Fallverlauf, in welcher die Fachkräfte, ausgenommen hiervon ist die fallzuständige Fachkraft, ihre Ideen, Anmerkungen, Ratschläge und Hypothesen zum Fall darlegen können. Nach der Phase der Ideensammlung leitet der Moderator die Phase der Erstellung der weiteren Handlungsschritte ein. Die Phase der konkreten Erstellung weiterer Handlungsschritte ist nur bei Typ C gegebenen, im Strukturtyp A und B ist diese Phase nicht fest vorgeschrieben. Erst nachdem die Teammitglieder ihre konkreten Ideen für die weiteren Handlungsschritte geäußert haben, kann die fallzuständige Fachkraft wieder in die Diskussion einsteigen. Die fallzuständige Fachkraft kann nun ebenfalls Fragen zu den Anmerkungen und Ideen der anderen Fachkräfte stellen und ihre eigenen Einschätzungen zum Fall abgeben. Zum Schluss wird das Ergebnis über den weiteren Handlungsverlauf von der fallzuständigen Fachkraft und von der gesprächsführenden Person zusammengefasst und ein Ergebnis wird aus der Teamberatung festgelegt.[212]

Der Zweck des Ausschlusses der fallzuständigen Fachkraft in der Diskussionsrunde liegt darin, dass gesichert werden soll, dass diese die anderen Teammitglieder nicht in deren Anmerkungen und Ideen beeinflussen kann, sondern dass sich die anderen Fachkräfte eine eigene Meinung zum Fall bilden können.[213]

---

[211] Vgl. Forschungsverbund DJI/TU Dortmund, 2009, S.57
[212] Vgl. ebd.
[213] Vgl. Forschungsverbund DJI/TU Dortmund, 2009, S.58

8. Literaturverzeichnis

Arbeitsgemeinschaft für Kinder- und Jugendhilfe: Weiterentwicklung und Steuerung der Hilfen zur Erziehung. Empfehlungen der Arbeitsgemeinschaft für Kinder- und Jugendhilfe – AGJ.

Armbruster, Meinrad: Misshandeltes Kind. Hilfe durch Kooperation. Lambertus-Verlag 2000

Bange,Dirk/Deegener, Günther: Sexueller Missbrauch an Kindern. Ausmaß, Hintergründe, Folgen. Beltz Verlag, Weinheim, 1996

Bange,Dirk: Definition und Häufigkeit von sexuellem Missbrauch, Band 1. Göttingen 2004

Bayerisches Staatsministerium für Arbeit und Sozialordnung, Familie und Frauen: Kinderschutz braucht starke Netze. Interdisziplinäre Zusammenarbeit – ein wesentliches Element für einen wirksamen Schutz von Kindern und Jugendlichen. Dezember 2007

Beck. Bürgerliches Gesetzbuch. 63. Auflage. Deutschen Taschenbuch Verlag. München 2009

Beck: Grundgesetz GG. 46 Auflage Deutscher Taschenbuch Verlag. München 2015

Beck: Sozialgesetzbuch. 44. Auflage Deutschen Taschenbuch Verlag. München 2015.

Beck: Strafgesetzbuch StGB. 53. Auflage Deutscher Taschenbuch Verlag. München 2015

Bundesarbeitsgemeinschaft Landesjugendämter: Qualitätsmaßstäbe und Gelingensfaktoren für die Hilfeplanung gemäß § 36 SGB VIII, Mainz 201

Bundesministerium für Familie, Senioren, Frauen und Jugend: 13. Kinder- und Jugendbericht. Bericht über die Lebenssituation junger Menschen und die Leistungen der Kinder- und Jugendhilfe in Deutschland, 2009

Das Bulletin des Deutschen Jugendinsituts: Neue Wege gehen: Wie der Schutz von Kindern und Jugendlichen verbessert werden kann, Nr. 106, 2/2014

Deegener, Günther/Körner, Wilhelm: Kindesmisshandlung und Vernachlässigung – Ein Handbuch. Göttingen 2005

Dettmeyer, Herrmann: Kindesmisshandlung, Heidelberg 2008

Deutsches Jugendinstitut. IzKK-Nachrichten: Konstruktiv kooperieren im Kinderschutz, Heft 1 2013/2014

DIJuF – Deutsches Institut für Jugendhilfe und Familienrecht e.V.: Verantwortlich handeln – Schutz und Hilfe bei Kindeswohlgefährdung, Saarbrücker Memorandum, Köln 2004

Ecarius, Jutta: Handbuch Familie. Springer Verlag 2008

Engfer, A: Kindesmisshandlung – Ursachen, Auswirkungen, Hilfen. Stuttgart, 1986

Haußleiter, Martin: FamFG: Gesetz über das Verfahren in Familiensachen und in den Angelegenheiten der freiwilligen Gerichtsbarkeit, 18. Auflage. 2011

Hinte, Wolfgang: Hilfen zur Erziehung und sozialräumliche Infrastruktur. In: Forum für Kinder- und Jugendarbeit, 1/2012

Hohmann-Dennhardt, Christine: Kindeswohl und Elternrecht – Rechtsverhältnis von Eltern und Kindern; 2008

Institut für Sozialarbeit und Sozialpädagogik e.V.: Vernachlässigte Kinder besser schützen, Sozialpädagogisches Handeln bei Kindeswohlgefährdung. Ernst Reinhardt Verlag München Basel. 2. Auflage. 2012

Jugendhilfe. Berlin: Arbeitsgemeinschaft für Kinder- und Jugendhilfe, 2008

Jugendrundschreiben Nr. 3/2013: Verbindliche Bewertungs- und Dokumentationsverfahren bei Verdacht einer Kindeswohlgefährdung, November 2013

Jung, Hans-Peter: SGB VIII Kinder- und Jugendhilfe: Kommentar zum SGB VIII mit Schriftsatz- und Vertragsmustern, Haufe-Lexware- Verlag, 2008

Kinderschutzbund: Modellprojekt des DKSB Kreisverbandes: Kooperation im Kinderschutz, 2011.

Kindler, Heinz/Gerber, Christine/Lillig, Susanne: Wissenschaftliche Analyse zum Kinderschutzhandeln des Allgemeinen Sozialen Dienstes im Landkreis Breisgau-Hochschwarzwald im Todesfall des Kindes A.. Deutsches Jugendinstitut e.V., München 2016

KVJS Baden-Württemberg: Vernachlässigte Kinder – wissenschaftliche Erkenntnisse und Handlungskonzepte für Kindertageseinrichtungen, 2009

KVJS. Kommunalverband für Jugend und Soziales Baden-Württemberg: Interdisziplinäre Zusammenarbeit im Kinderschutz: Aufgaben der beteiligten Institutionen Empfehlungen für örtliche Netzwerke, 2009

Lammel, Matthias : Kindesvernachlässigung und Kindesmisshandlung. Berlin, 2013

Lenz, Arnold: Interventionen bei Kindern psychisch kranker Eltern: Grundlagen, Diagnostik und therapeutische Maßnahmen. Hogrefe Verlag, 2007

Lüttringhaus, Maria/ Streich, Angelika: Klarheit schafft nur, wer sich klar ausdrückt Standards für die Formulierung von Auflagen und Aufträgen im Bereich Kindesschutz. In: Fachzeitschrift Evangelische Jugendhilfe, 03/2008

Mertens, Birgit; PANKOFER, Sabine: Kindesmisshandlung. Körperliche Gewalt in der Familie, Paderborn: Ferdinal Schöningh Verlag, 2011

Munro, Eileen: Ein systemischer Ansatz zur Untersuchung von Todesfällen aufgrund von Kindeswohlgefährdung. In: JAmt, Zeitschrift für Jugendhilfe und Familienrecht, Heidelberg 03/2009

Müller, Burkhard: Sozialpädagogisches Können: Ein Lehrbuch zur multiperspektivischen Fallarbeit. Lambertus; 7. Auflage, 2012

Münder J./, Mutke B. /Schone R.:Kindeswohl zwischen Jugendhilfe und Justiz. Professionelles Handeln in Kindeswohlverfahren. Münster. 2000

Nationales Zentrum Frühe Hilfen: Modellprojekt Guter Start ins Kinderleben, 4. Auflage, November 2011

Nationales Zentrum Frühe Hilfen: Leitbild Frühe Hilfen. Beitrag des NZFH- Beirats, 2014

Nationales Zentrum Frühe Hilfen: Qualifizierung der Risikoeinschätzung und Instrumente oder Qualitätssicherung im Kinderschutz, Jahrestagung für Leiterinnen und Leiter von Sozialen Diensten,30.-31.05.2016 KVJS Tageszentrum Gültsetin

Netzwerk Frühe Hilfen: Schwierigkeiten bei der Zusammenarbeit zwischen Fachkräften der Gesundheits- und der Jugendhilfe, 13. November 2014

Neue Caritas: „Ich würde gerne menschenwürdig arbeiten", Ausgabe 16/2013

Petry, Ulrike: Die Last der Arbeit im ASD. Belastungen und Entlastungen in der Sozialen Arbeit, Weinheim und Basel, 2013

R. Schone: Kontrolle als Element von Fachlichkeit in den sozialpädagogischen Diensten der Kinderund

Schader, Heike: Risikoabschätzung bei Kindeswohlgefährdung. Ein systemisches Handbuch. Weinheim und Basel: Beltz Juventa. 2012

Schrapper, Christian: „mit einem Bein im Gefängnis?" - Über das Risiko, für die Folgen seiner Arbeit verantwortlich gemacht zu werden. In: Sozialmagazin, 1996; Heft 7/8

Sexueller Missbrauch an Mädchen und Jungen – Eine Handreichung zur Prävention und Intervention für Schulen, Ministerium für Kultus, Jugend und Sport Baden-Württemberg, Stuttgart 1999

Schone, R.; Gintzel, U.; Jordan, E.: Kinder in Not. Vernachlässigung im frühen Kindesalter und Perspektiven sozialer Arbeit. Münster, 1997.

Stadt Dormagen: Dormagener Qualitätskatalog der Jugendhilfe: Ein Modell kooperativer Qualitätsentwicklung, Springer-Verlag, 2013

Trenczek, Thomas: Hilfen zur Erziehung: Leistungsvoraussetzungen und Rechtsfolgen. SGB VIII Online-Handbuch. Unter: http://www.sgbviii.de/S112.html, Stand: 26.05.2016

Verein für Kommunalwissenschaften e.v. … und schuld ist im Ernstfall das Jugendamt, Aktuelle Beiträge Heft 17, Berlin 1999

Verein für Kommunalwissenschaften e.V.: Kinderschutz gemeinsam gestalten: § 8a SGB VIII – Schutzauftrag der Kinder- und Jugendhilfe, Aktuelle Beiträge Heft 17, Berlin 2007

Wabnitz, Reinhard: Grundkurs Kinder- und Jugendhilferecht für die Soziale Arbeit, 2. Auflage, München 2008

Wiesner, Reinhard: Rechtliche Grundlagen der Erziehungshilfen. Münster 2001

Wolff, Reinhart/ Flick, Uwe/ Ackermann, Timo/ Biesel, Kay/ Brandhorst, Felix/ Patschke, Mareike/ Röhnsch, Gundula: Aus Fehlern lernen- Qualitätsmanagement im Kinderschutz. Konzepte, Bedingungen und Ergebnisse, Herausgegeben vom Nationalen Zentrum Frühe Hilfen, Verlag Barbara Budrich, Toronto 2013

Wolff, Reinhart, / Biesel, Kay: Aus Kinderschutzfehlern lernen. Eine dialogisc-systemische Rekonstruktion des Falles Lea-Sophie. Bielefeld 2014

Workshopergebnisse des Nationalen Zentrums Frühe Hilfen: Lernen aus Fehlern-
Nationale und internationale Erfahrungen im Kinderschutz. München, 9. und 10 Juli 2010.

Internetquellen

Bundesarbeitsgemeinschaft der Landesjugendämter. Unter:
http://www.bagljae.de/downloads/094_fachkraeftegebot_2005.pdf.

Bundesgerichtshof. Rechtsprechung des Bundesgerichtshofs. Unter:
http://www.rechtsfragen-jugendarbeit.de/kindeswohlgefaehrdung-ueberblick.htm, Stand:
12.05.2016

BQZ Der Bremer Qualitätsstandard: Zusammenarbeit im Kinderschutz: Wir schützen
Kinder gemeinsam und gern, Juni 2009 Unter:
http://www.soziales.bremen.de/sixcms/media.php/13/Bremer%20Qualit%E4tsstandard-
Zusammenarbeit%20im%20Kinderschutz_Langfassung_2009-06.pdf

Der Forschungsverbund Deutsches Jugendinstitut/Technische Universität Dortmund: Wie
entscheiden Teams im ASD über Hilfebedarf? April 2009, Unter:
http://www.forschungsverbund.tu-
dortmund.de/fileadmin/Files/Hilfen_zur_Erziehung/Abschlussbericht_Teamentscheidung_
im_ASD.pdf.

Die Welt: Darf Eltern auch mal die Hand ausrutschen?. Unter
http://www.welt.de/gesundheit/psychologie/article133981853/Darf-Eltern-auch-mal-die-
Hand-ausrutschen.html . Stand: 19.05.2016

Deutsches Jugendinstitut: Kindesvernachlässigung: früh erkennen- früh helfen. Unter:
http://www.dji.de/index.php?id=40791&print=1

Dimitrova-Stull, Anna: Europäisches Parlament: Gewalt gegen Kinder in der EU.
November 2014. Unter:
http://www.europarl.europa.eu/RegData/etudes/IDAN/2014/542139/EPRS_IDA(2014)542
139_DE.pdf,

Kreis Rendsburg-Eckernförde, Der Landrat Jugend- und Sozialdienst in Kooperation mit LüttringHaus: Fachliche Grundlagen für die Hilfeplanungund Berichterstattung. Unter: http://www.kreis-rendsburg-eckernfoerde.de/fileadmin/download_internet/Jugend_Soziales_Gesundheit/JSD/Handreic hung_Hilfeplanverfahren_Rendsburg04.pdf,

Nationales Zentrum Frühe Hilfen: Wächteramt des Staates. Unter: http://www.fruehehilfen.de/serviceangebote-des-nzfh/glossar/?tx_contagged[source]=default&tx_contagged[uid]=206&tx_contagged[index]=W&tx_contagged[controller]=Term&cHash=23f1bb692b9c3bcb7fb4e363ccc516b3, Stand: 05.05.2016

Senatsverwaltung für Bildung, Wissenschaft und Forschung: Jugend-Rundschreiben Nr. 5 / 2008 über verbindliche Bewertungs- und Dokumentationsverfahren bei Verdacht einer Kindeswohlgefährdung. Unter: www.trapez-berlin.de/sites/default/files/Berliner%20KiSchuBogen.pdf

Prof. Dr. Joachim Merchel: Organisationsbedingungen für eine zeitgemäße Arbeit des Sozialen Dienstes, Vortrag bei der Tagung des Landesjugendamtes Westfalen-Lippe 27.03.2003 in Gütersloh. Unter: https://www.lwl.org/lja-download/datei-download/LJA/erzhilf/Familie/1130494666/1073486896/1073488082_3/1073488082_3.pdf.

Wolff, Reinhart: Zusammenarbeit im Kinderschutz: wichtig aber schwierig, 2013. Unter: http://www.fruehehilfen.de/fileadmin/user_upload/fruehehilfen.de/pdf/Vortrag_Wolff_130 605.pdf

CPSIA information can be obtained
at www.ICGtesting.com
Printed in the USA
BVHW07s1048250918
528439BV00003B/605/P

9 783668 309241